所谓舍不得，只是你心中的幻象。

有什么舍不得

索达吉堪布说人生断舍离

索达吉

著

中国计划出版社　博集天卷
CS·BOOKY

图书在版编目（CIP）数据

有什么舍不得 / 索达吉著. — 北京：中国计划出版社，2015.8

ISBN 978-7-5182-0230-0

Ⅰ.①有… Ⅱ.①索… Ⅲ.①人生哲学—通俗读物
Ⅳ.①B821

中国版本图书馆CIP数据核字（2015）第203146号

有什么舍不得

索达吉　著

中国计划出版社出版

网址：www.jhpress.com

地址：北京市西城区木樨地北里甲11号国宏大厦C座3层

邮政编码：100038　电话：（010）63906433（发行部）

新华书店北京发行所发行

北京嘉业印刷厂印刷

787mm×1092mm　1/16　14.5印张　160千字
2015年11月第1版　2015年11月第1次印刷

ISBN 978-7-5182-0230-0

定价：35.00元

质量监督电话：010-59096394
团购电话：010-59320018

序　言

"我从哪里来，会到哪里去？活着，到底是为了什么？"

这是困惑了无数人的古老问题。在百思不得其解的情况下，一般人选择避而不想，闷头继续过日子，年复一年、日复一日……

然而，偏偏有这样一群人，放下世间的名利荣华，来到佛教的智慧海边，涉水成为弄潮儿，一心只为求答案。

虽然他们的身份千差万别，在世间的经历也不尽相同，但他们都曾受过高等教育，并最后选择了出家。

他们的这一选择，也许不被大多数人理解和接受，但他们对人生的深度思考、从佛法中得到的心灵感悟，想必会引起你的深思和共鸣。

十多年前，我在稍微有点空闲时，为了与更多人分享他们的经历，用大半年的时间到处采访，对每个人的故事做了详细的笔录。书中事迹为尊重个人隐私，所有当事人以化名出现。

当然，之所以编写此书，并不是劝你舍俗出家，即使是佛陀在世，弟子中也多数是在家人，学佛不一定要与出家画上等号。分享这些，只因这些人曾经所经历的烦恼与疑惑，是你也正在经历，或者也会经历的。

"他山之石，可以攻玉"，但愿他们的心路体验，能让你的人生少走弯路。

索达吉

2015年3月12日

目录
C O N T E N T S

有什么
舍不得

叁

心住何处？物从何生？

095

肆

—

145

假如生活欺骗了你，请接受

有什么
舍不得

壹

——

苦难是一场加冕

此处的蝴蝶扇动几下翅膀，

可以改变大西洋彼岸几天后的天气。

既然科学家也不承认无因之果，

那有什么理由否定前生后世？

人生一世，不明白生从何来，

死向何去，是多么可悲。

难得明白

毕业于武汉大学化学系的圆难，个子不高，在他看似单纯的脸上仍透着一股学生气，让人寻觅不到岁月的印痕。

提起出家学佛，一般人心里马上就会想到，那是人生失意者无奈的归宿。而圆难的学佛心路恰恰向世人证明，是不甘平庸的理想，让他在逐物的洪流中潇洒转身，去追溯那古老而纯澈的真理之源。

这是随波逐流者难以理解的。

我的家乡位于皖南农村，那儿山清水秀，物产丰富。小时候，无忧无虑的我在山间草地上尽情地欢唱、嬉戏。纯朴的童心，对世间大道理尚无概念，但有一件事，却激起了心中的涟漪。

七岁时，有次到邻居家玩耍，突然间肚子就痛了起来，母亲立即用一种特殊的方法止住了我的疼痛。对此神奇的疗法，母亲说是有东西捉弄我，而她已将其驱除了。母亲的话令我半信半疑，也许就是从那时起，我开始相信，冥冥中有什么神秘的东西在主宰着我的命运。

此后不久，我开始上小学。学习难不住聪明伶俐的我，但美中不足的是，突如其来的疾病常常降临在我身上，这令我时常对未来感到恐惧。看着身边生龙活虎的小伙伴们，对照病恹恹的自己，经常会冒出疑问：为什么他们身体好，我却老生病呢？

一晃就进入初中了。那时，气功正热遍华夏，我对此也很感兴趣。当我得到一本《气功疗法选集》时，心里别提有多高兴了，立马开始理论联系实际，按书上的方法，有板有眼地练了起来。学打坐，练站桩，一副严肃认真的样子，常常令周围的人窃笑不已。可我似乎已入忘我之境，每天痴迷地练功成了生活的主要内容。

虽然当时很认真，也很投入，但除了一站桩就身上发热、一打坐就想睡觉外，也没什么更多的感受。不过，对气功的信心并没有因此而减弱，我总觉得在现实生活之外，一定还有一个更迷人的境界，我渴望能尽早达到那个境界。都说少年爱做梦，对这种飘忽不定、难以捉摸的神秘境界的向往，成了我当时的全部梦想。

　　考上市里的重点高中后，练功虽然荒疏了很多，但少年之梦依然让我难以忘怀。每当应付完枯燥、繁重的学习任务，校图书馆丰富的道家典籍便成了我最喜欢吃的一道休闲菜。当时，虽不懂道经所云为何物，但那些高深的境界却令我没来由地羡慕不已。一有时间，我就琢磨如何配料、如何炼丹、如何把握火候……拜这个所赐，我的化学学得特别好。高中毕业后，我如愿以偿地考上了武汉大学化学系。

　　武大校园的风景很美，学习紧张而有序。课余，我还是喜欢泡在图书馆里博览群书。一天，无意中翻到一则文摘，里面说：现代生理学家发现，人体每秒钟发生数千万次的化学反应，这么一个庞大的系统，不可能是人现有的身心所能控制的。为此，他们设想有一个相当于道家"元神"的东西，是它在控制着这一切……看了这则科学报道，我的心不禁怦怦直跳。是啊，如此伟大而奇妙的生命现象到底是谁在支配？在现代的各种分类学科中，有没有哪一门揭示了生命的奥秘？

　　不久我又看到一则报道：现代物理学家因为物理学前沿研究无法进展下去，便将研究方向转向了中国道教的老子和佛教的《大方广佛华严经》等经典，以求从宗教中获得理论支持。这则报道又令我惊讶不已，我想：当科学研究发展到高级阶段时，居然能和古老的宗教理论接壤，是否古人的智慧早已洞悉了宇宙人生的奥秘？

　　这两则报道再次勾起了我的"少年之梦"，当时的我只有一个想法，就是要把放下多时的对佛道二家的研究重新拾起来，我要遵循古人的观察与研究方法去探索人生的奥义。

在学校的宗教文艺阅览室里，佛道两家的书籍很多，我在那儿流连忘返。但苦于没有师父指点，对道家那艰涩难懂的修炼方法实在没法入门。于是，我把注意力转向了佛法。渐渐地，佛法博大精深的理论深深吸引了我，佛陀的开示也解开了我的许多疑惑。

第一次听到佛法中所说的"无我"和"空性"时，我真好似当头挨了一棒，心中既恐惧又好奇：为什么佛不说有一个实实在在的本体，通过修行回归那个本体，不是更简单更易于接受吗？现实生活中，无论是外境还是内心，我们都能看得见、摸得着、感受得到，这不是实实在在的有吗？可为什么佛陀却说这一切都是假立显现、非实有、本性为空的呢？

这个疑惑困扰了我很长时间，直到后来学习了因明及中观论典后，我才从偏狭的思维定式中走出来。原来，凡夫之所以成为凡夫，根本原因就是执著于万法实有。实执是最大的敌人，我们常常受它的欺骗，为它感受痛苦而不自知。实际上，当我们用理智去观察所执著的人或物，就会发现根本没有一个真实的本体。比如用佛法中的"析空观"去破析任何一个物体，分析到最后，连一个微尘都了不可得。这和物理学上的分析方法（分子→原子→电子、质子→夸克→？）十分相似，只不过物理学尚未达到空的层次，还在执著一个有形有相的物质的最小微粒。

当我们真正了达诸法的本性为空，并不会使我们感到恐惧，无有着落。相反，正因为万法是空性的，当因缘积聚时，就会炳然显现、物物分明。就连森罗万象的自然界，也是心的习气成熟后的假立显现。这种显空不二的理论，可以说是对宇宙人生实相最圆满的揭示。

明白这个道理后，我就像发现了天大的秘密一样，内心既欢喜又感动；回想起往昔的迷乱与盲目，又令我不胜嗟叹。当诸多迷惑如热水融冰般消失，我对佛陀由衷的敬意便从心中顿然生起。这时我才明白，千百年来那么多贤人哲士皈命佛陀的含义所在，那么多禅和子行脚天涯去追寻的"宝物"为何。我下定决心，一定要皈依三宝。

学佛的事被同学们知道后，他们纷纷讥笑说："有什么证据能证明有前后世的因果关系呢？"对此我想说：如果认为没有前世，就成了无因论。无因若能生果，则做任何事都不需要努力，结果会自然获得，甚至天空中也会掉下肉包子来。世间种种的不平现象、贫富差别也就不会存在了……无因断灭的邪见，与世间现量有着显而易见的相违。

王充在《论衡》中说：大家都是树上的花，被风偶尔吹到各处，形成了各自的命运。对此说法，我不会苟同。现代科学无一不是在探索事物的前因后果及其规律，科学家们也注意到了因果之间的微妙关系：此处的蝴蝶扇动几下翅膀，可以改变大西洋彼岸几天后的天气。既然科学家也不承认无因之果，那有什么理由否定前生后世？

大学生活是丰富多彩的，同学们也都各自努力，寻求未来的发展方向。而我却将大量时间都用在了研习佛法上。我自得其乐，同学们却很不理解。他们说：别再费那闲工夫了，咱们以后到社会上去干一番事业，那才叫值得呢。

但大家的劝告、社会的流行观念并不能减弱我的向佛之心，反而使我更加明确地认识到：人生一世，不明白生从何来，死向何去，是多么可悲。不论把世俗生活描述得多么美好与崇高，无非"食色，性也"。将有限的生命耗费于追逐"财色名食睡"上，这样的生存有什么意义？

我想依循觉悟者佛陀的教诲，去开显自己本有的佛性智慧。我更想让天下一切众生都能了悟自心，获得究竟圆满的无上大乐。

大学毕业后，我被分配在武汉一家研究所的杂志社。生活的琐碎和浅薄，令我深感失望。与此同时，深入了解佛法的愿望也一天比一天强烈。直到有一天，当我听说喇荣五明佛学院正在弘传清净的如来教法时，我便悄悄地背上行囊，直奔那心中的圣地，开始了生命的第二起点。

在佛学院，上师们崇高的德行、丰富的学识，以及一举一动中所流露出来的洒脱自在，都令我叹服。不久，踏着先觉者的足迹，我也披上了神圣的袈裟，成为一名真正的佛子。

现在，我过着平静而喜悦的生活，虽物质并不富足，但绝不感到卑贱与贫穷。在上师的指导下，我每天都在勤奋而畅快地吸吮着佛法甘露。

我深深地体会到，畅游在智海中的那份惬意与舒适，才是人生大乐。

圆难的故事到这里就结束了，回过头，让我们再来看一下他的"学佛心路"：小时候的经历勾起了他对未知世界的向往；中学时的练功炼丹是他的"少年之梦"；大学时的佛法感悟确定了他以后的人生航向。从这三个过程看来，似乎在他的天性中，就有着一种求道的禀赋——在佛法里，我们把这叫作"善根"。

且不管他的这个善根是从何而来，只就今生的际遇来看，他对佛法的信解，是经过了理智抉择之后才引发的，并不是什么人生失意，也不是因为贪恋福报。当宿世善根成熟，他的觉慧力便促使他认定了修行的路。从他身上，我们看到了一位佛子真正的行持。

但愿所有的智者都能觉悟人生，从而走出心灵的桎梏，获得永久的安详。

纸上的情感终究难以力透纸背，

它们全是千篇一律的情感造作，

全是作家们或天才或平庸的以假乱真。

我渐渐意识到，人的情感原本很苍白，越描摹，越苍白。

再绚烂，终归平淡

一次在成都中央花园，我们一行人正在花园草坪上体味四周的静谧、祥和。两个姑娘绕过喷泉来到我们面前，一见面就要皈依、出家、取法名。

她们分别来自山东和东北。山东姑娘穿一身蓝套装，黑色长发披散在肩上，明亮的双眸闪现着朴实和诚恳。

出家的事另当别论，但皈依取法名的事我立刻就答应了。当时手上正拿着本书，一低头就瞅见了"惭愧"二字，于是两个法名自然有了着落：一个叫圆惭，一个叫圆愧。山东姑娘就是圆愧。

没过多久她们就到了佛学院，几个月后圆愧出家了。两年多来，圆愧的闻思一直很精进，人也挺谦和。每日悄无声息地跟着大众一起听闻经论、修身修心，谁也看不出她曾毕业于山东曲阜师范大学英语系。

对她而言，舍俗出家并非易事，世间又有几人能斩断凡情羁绊呢？但就像我经常说的，佛法的伟大就在于，当它真正进入一个人的心，所有在外人看来不可思议的事，就都有可能发生。

我自幼随姥姥生活，直到上小学后才离开。姥姥只是一个普通的劳动妇女，不懂太多的佛法，但她纯朴慈爱，一生与人为善。

在我们家乡，佛法并不兴盛，但姥姥的言行却在我幼小的心灵中播下了学佛的种子。而且姥姥年轻时，还曾经动过出家的念头，只因慈悲幼子，未能如愿。一生吃斋拜佛的她如今已年逾九十，但仍精神矍铄地每日念佛不已。

时光飞逝，转眼间我已到了十七岁。那年，我被曲阜师范大学英语系录取，从此成了一名儿时就梦寐以求的大学生。记得上大学时，外系的同学都非常羡慕我们。想想也是，数学、物理系的同学每天有做不完的习题；生物、化学系的同学每天有做不完的实验。而我们——英语文学系的学生，却可以整天捧着一本外国小说看。

刚开始，我也曾半骄傲半鄙夷地对一脸羡慕之色的外系同学说："知道吗？这就是我们的专业。你以为看小说不头疼啊？那得用全身心去体验，多累人啊。"然而时间久了，便开始觉得小说怎么越看越没趣、越看越无聊。

纸上的情感终究难以力透纸背，它们全是千篇一律的情感造作，全是作家们或天才或平庸的以假乱真。他们一生都在抱着这些大同小异的爱情故事，翻来覆去地变幻给人看。我渐渐意识到，人的情感原本很苍白，越描摹，越苍白。

不再为小说情节哭天抹泪后，我把目光转向了人文社会科学。泛泛地浏览了一个大概，突然觉得：姥姥整天挂在嘴边的什么"缘分"呀、"因果"呀，该不会是真的吧？所有的书中，我唯独对《六祖坛经》印象极深，而且没来由地就想："会不会有一天我也会出家，专研佛法呢？"

大学毕业，我被分配到山东德州市的某家银行从事国际结算。可能是福报现前，银行丰厚的工资、奖金、福利待遇，使我成为别人眼中的"白领丽人"。说"丽人"可能有点夸张了，不过周围的同事确实对我一片恭维，什么"仪态端庄""窈窕淑女，君子好逑"等。我的身边也很快聚集起一大群追求者。

但我想我终会让他们失望的，因为自从萌生出尘之志后，尽管对佛法大意一窍不通，但冥冥中似乎总有一种声音在提醒我，姥姥当初就是因为舍不下儿女才放弃出家的。

我不知道自己的未来会怎样，但至少暂时不想自我拖累。在我心中，婚姻原本没有什么意义和乐趣。女人除了结婚生子、维护家庭之外，难道再没有立身之处了吗？"天生我材必有用"，虽然不图什么经天纬地之举，但我总感觉自己的一生，特别是生命的潜能，应该不会是在生儿育女方面来个大爆发吧？

但是一个女人在中国一个小城市的单身生活，肯定是不会让好事者们善罢甘休的，家庭和社会都不允许我不结婚。正所谓"树欲静而风不止"，面对强大的世俗压力，看来要想不委曲求全就只能远走他乡了。于是我选择了考研，到另一个城市去躲开这闲言之海。

来到一个陌生的地方，开始了边工作边学习的生活。每日在卖力工作、点灯苦读之后，夜对静空皓月，总是不期然想到家乡，想到姥姥。一想到姥姥，便想起她天天念诵的"阿弥陀佛"圣号，于是，一种久已淡忘但又始终隐藏心间的情结便悄然浮出了……

再把佛经拿出来看，崭新的人生态度、世界观、宇宙观，以令人目不暇接之势向我涌来。我从未系统地接触过这些，虽然有些措手不及，但苦空无常的道理算是深深地在我心中扎下了根。

1997年香港回归祖国之日，对我来说，也正是回归佛陀大家庭的开始。这是一个不可思议的缘起：一位居士告诉我，有个从四川喇荣五明佛学院回来的出家人正在她家，要不要去看看。我不仅去看了，还正式皈依了三宝，个中因缘说不清楚，但总的感觉是：一看到他那身僧衣，我就禁不住感叹：太熟悉、太亲切了……

从此我开始真正闻思起来。记得在看了福建莆田广化寺印行的《千手千眼观世音菩萨广大圆满无碍大悲心陀罗尼经》后，我生起了很大的信心。为将法雨遍布，我将此经咒广传亲朋好友。结果有两人原先患有很重的疾病，在依法修持后心境、身体状态都有了很大改善。原想与他们结个善缘，没料到受益最大的还是自己——我的信心从此更加增上了，每天都按照经中规定的仪轨，持诵起大悲咒来。

有一段时间，我还经常把《金刚经》中的"过去心不可得，现在心不可得，未来心不可得"等揭示般若空性的句子放在心上、挂在嘴边，当作提醒人生无常、如梦幻空花的座右铭。熏习得久了，有时还真对名利地位、世间享乐视若浮云了。

端起一碗饭我就在想："是谁在吃它？如果是我在吃，一口气上不来，我又跑到哪里去了？如果不是我在吃，那又是谁？"不仅如此，每当撕下一页日历，我就会问自己："如果无常此刻就降临，我做好准备了吗？"

越是依照佛法的义理思维，越是感到人生太难得、佛法太难闻，也越来越搞不懂世间人：难道灵魂已麻木到如此的地步，竟感觉不出生命正在浮躁中无意义地逐日递减吗？不为探求真理，生存于世间又有何益？

1998年的春节，我独自一人来到了观音菩萨的道场、四大名山之一的琉璃世界普陀山。在这里，千步沙的细软令我心旷神怡，大海的潮音让我彻夜难眠。在力敌千军的澎湃之中，我的心帆一次次被鼓舞，在这海天佛国纵横游弋。特别是看到出家人调柔寂静的生活，内心长久以来的症结被再次触动。

　　我仔细地思考：既然留恋世事凡情无义，为何不干脆快刀斩乱麻，拔去这情缘之草，再不要让它在心头蔓延呢？也许我涉世未深，这一生没遇到过什么挫折，当违缘到来时，可能修行会碰到很大障碍。但如果真的生起了出离心，就一定会精进闻思修、护持正念、不懈地对治烦恼，而不可能在散乱中度日。特别是在具德上师的指引下，这种无伪的出离心，一定会被调化成证道成佛的菩提悲智。

　　那么我还有什么可留恋、可担心的呢？以前读《楞严经》时就曾发心出家，以求偿还无始宿债。如果再蹉跎犹豫，旧债未还，新债又来，我一个小小女子在生死面前能担待得了吗？

　　轮船渐渐驶离了普陀，我的心却还在观音像前徘徊着。低头一看，正见一道道轮船驶过时画出的波浪、浮泡。脑海里倏地一下就浮现出《金刚经》的尾偈："一切有为法，如梦幻泡影，如露亦如电，应作如是观。"正想着，天上突然降下万道阳光，抬眼一看，原先雾蒙蒙的天空此刻云蒸霞蔚，正是云开雾散日当来……

　　1999年藏历正月，我终于按照自己的心灵之约，如期奔赴喇荣五明佛学院。闻思了一段时间的经论后，我下定决心在这里出家修道了。如今，我每天都畅游在深广浩瀚的智慧海中，只恨自己不能一下尽饮其中的甘露妙味。

　　我总感觉，只有佛法才能让我们"天生我材必有用"，只有佛法才能让我们最终对得起自己的一生。

　　圆愧在雪花纷飞的严寒时节来到圣地求学，并从此过上一种清净闻思的生活。对做出这种选择的人，我只能用"智者"二字来评议，我相信他们堪当此称谓。

　　这些年来，圆愧一直在以精进心不懈修行，如果能持之以恒，我想她一定能成办自己今生来世的最大心愿——渡越轮回生死苦海。

　　佛陀说："智者随功德，以此成诸事。"如果我们能随顺一切真实的功德，则可无事不办。见过很多城市里的年轻人，尽管也说修行、闻思，但一到实际境况中，碰到感情、家庭、工作、钱财之类的纠葛，他们的"修行"便马上成了口头禅，一发不可收拾地没入世间八法。说实在话，浊浪滔天的红尘里，很难造就出真正的修行人，所以我才对圆愧的斩断世俗情缘之举数度生起欢喜之心。

　　有一首偈子，道出了我热爱的修行生活，它总是不由自主地从我心底浮现：

　　　　忙忙碌碌人群中，无有修善之良机。
　　　　前往寂静山林中，精进勤观自明心。

他就这么唱啊唱，累了就歇会儿，接下来又开始唱，

重复来重复去就这么四个字：哈利路亚。

我从未见过他如此安详、灿烂的笑容，

似乎在弥留之际，他终于找到了灵魂的安息之地。

谢幕，是为了开演

当今社会，不论你身处繁华都市，还是边远小镇，都躲不开一浪高过一浪的金钱风暴。

内心被物欲驱动得越来越散乱的人们，唯一能专注下来的可能就是挣钱。东奔西涌的淘金者中，捡到金子的人，生活过得就像天人一样；运气不佳的人，则整天为下一顿忧心忡忡。除开这两种，为众生、为解脱而修行的智者，可谓少之又少。

我在泰国时，曾听一位大成就者说："智者为生活而吃饭，愚者为吃饭而生活。"片刻不停息的生活中，多少人在为虚幻的肉身拼命打造

着安乐窝。

这样的安乐窝可以充当最终的归宿吗？一旦死亡来临，所有毕生追寻的"战利品"——财富、情感，哪一样能阻挡住无常的脚步？

在父亲弥留之际，圆塔终于把握住了生命的本质，开始认识到佛法对人生意义的终极注解、对生命的别样领悟。

这是一个关键的节点，他对着心宣告：去寻找生活的意义吧！

弗兰克曾是日内瓦儿童医院的精神科主任，二战期间他被关押在人间地狱——奥斯维辛集中营里。在那样一个常人无法想象的极端恶劣、生命时时受到摧残甚至杀戮的环境下，这位精神科专家却并未放弃他的研究。他决心把集中营当成检验研究成果的实验室，考察人类在生命受到威胁时，所能迸发的潜能；或在一种极度压抑的环境中，人类的精神分裂程度与人格操守的坚持。当时，他写下了一句对二战后的许多人产生过巨大影响的话："无论你遭受怎样的损失、挫败与打击，面对怎样的艰难困苦，永远不要放弃你的目标，去积极地寻找生活的意义吧。"

去积极地寻找生活的意义。弗兰克的这句话也是我人生的座右铭，他在无数个暗夜里，始终像一盏明灯，照亮我前行的路，温暖我痛苦而迷茫的心。如果没有弗兰克的这句话，我真不知自己会怎样度过青少年时代。

我人生最宝贵的青春年华，是在"文革"中度过的。由于父亲曾于新中国成立前就读于国民党创办的国防医科大学，还加入过国民党，我们全家的日子就可想而知了。

在一个又一个的运动中，胆小的父亲小心翼翼、如履薄冰地挨过了一个又一个年头，长期的压抑使得他的精神扭曲。母亲也因为出生于大官僚地主家庭，饱受虐待与白眼。

在我印象中，那十年是我们全家活得极为尴尬、痛苦的十年，我从未见过父母的脸在三千六百多个日日夜夜里，对我露出过哪怕一丝的笑颜。

我不知道黑夜过后是否会有曙光，不知道社会会把我扭曲成什么形状，也不知道像我这种人活在世上是否多余。我只牢牢记住了弗兰克的这句话。是的，去积极地寻找吧，尽管不知道生活的意义是什么，但年轻的心却总感觉到，既然有不好的生活，就一定会有好的生活。

不过父亲却没有这份心情与时间去寻找了。长期的精神与肉体折磨最终把他送进了医院，且经诊断患了脑瘤。他自己就是一名医生，却无力挽救自己的生命。更令人难过与伤感的是，在生命的最后阶段，他已完全失去了正常思维，稍稍清醒一点时，口里便喃喃自语道："命苦啊，命苦！"

我也不知道该说什么，因为自己的一肚子怨气都无处发泄，只能用一些苍白无力的语言安慰他，诸如"宁可天下人负我，不可我负天下人""退一步海阔天空"等，这些话连我自己都不能相信。

如果说父亲的病已让我的压抑濒临极限，他临终前的所作所为则更是让我如堕五里雾中。不知道父亲是精神错乱，还是别的原因，他几乎一整天都在唱着"哈利路亚，哈利路亚，哈利路亚……"，我根本不知道"哈利路亚"是什么玩意儿，问他，他也不回答。

他一个劲儿地唱，脸上是一副喜气洋洋的神情，这让我大为震惊。在与父亲相处的这几十年中，我从未见过他如此安详、灿烂的笑容，似乎在弥留之际，他终于找到了灵魂的安息之地。若非如此，他身体虚弱得连吐个字都费劲儿，舌头发僵、意识错乱，哪里来的这般好心情与气力？

他就这么唱啊唱，累了就歇会儿，接下来又开始唱，重复来重复去就这么四个字：哈利路亚。

他唱得多了，我也就听熟了。后来猛然想起，一些国外电影中似乎有这个曲调，那场面大多发生在教堂里。我急忙赶到新华书店，翻开《圣经辞典》，一查果然："哈利路亚，原为犹太人行礼拜时的欢呼语，意为'你们要赞美上帝'。现在也是基督徒祈祷时的常用祝颂语。"

在我几十年的人生经验中，从未听过父亲与任何宗教有过牵涉，而且每来一次运动就会担惊受怕的父亲，怎么可能去与这种"麻醉剂"沾上边？改革开放后，也未见他进过一次教堂或拿起过一次《圣经》。再问母亲，她也深感疑惑，因为父亲就是在新中国成立前也从未有过任何宗教信仰。这到底是怎么一回事呢？

恰在此时，一位学佛的同学知道情况后就告诉我说："你父亲前世一定跟基督教有缘，这种习气藏在他的阿赖耶识当中，关键时刻就翻腾出来了。"

如果说父亲的大唱"哈利路亚"给了我第一次震动的话，这位学佛之人的解说则带给了我更大的冲击。我从未接触过佛教，"文化大革命"时是不敢接触，因为我的身份已是"黑五类"了，再与佛教搭上钩，岂不是又戴上一顶"封资修"的帽子？"文革"后，我是没有时间与兴趣接触，自从20世纪80年代中期参加了自学考试，寻找生活意义的迫切渴望，便使我把全部精力都用在了对哲学的钻研上。我恨不能从古今中外的所有哲学体系中去发现生活的奥秘。

在我当时的认识中，佛教是不够资格进入世界哲学之林的，我一下子就把它与无牙的老太太、农村里愚昧可怜的劳苦大众联系在了一起。那些人也同样迫切地渴望改变命运，但自诩为精神贵族的我，怎么也无法认同他们把现世解脱的希望寄托于来世的自欺之举。

但三年的哲学专业学习，使我头痛欲裂。一位思想家曾说：一个人如果没有目标，就会走到他不想去的地方。反过来，如果发现自己活得很不如意、很苦、很茫然无绪，也只是缺乏远见、没有目标的缘故。这话听起来特别有道理，但我恰恰就是因为活得太有目标了而茫然无绪。我一生的奋斗都是想追寻人生的真谛，说这句话的人要么是对世界过分乐观，要么就是自以为找到了最彻底的人生目标。

想当年，我曾狂热地崇拜过尼采。他要做超人，要人们都做自己的上帝。抱着这样的目标在社会上混了几年，我却发现，强大的社会根本容不得任何所谓的"超人"。一个想独立于社会之外的自由人，在人世间是不可能存在的，这种人的结局只有两种：进精神病院或者非正常死亡。生而为人，从出生的那一刻起，就注定没有绝对的自由。

而且尼采的哲学本身就有漏洞，他否认人具有平等的权利。这一主张很容易被利用为"超人"奴役"非超人"的实践体系，很容易被权力意志阉割了精华。而我希望人人做超人的梦想，则更是个终不可得的妄想。最后的结局是，"超人"尼采发了疯，而我则深陷在日复一日的悲观里。

后来又喜欢上了老庄哲学。不过我很明白，老庄的思想恐怕于我只能是一种私人空间里的遐想。那种清静无为的境界，我一没有领悟它的能力，二没有通达它的路径。文字上、口头上，我可以把它们当成一种调剂，但我没法实修亲证，也没法要求他人乃至社会去践行这些理念。在一个竞争越来越呈现白热化的社会里，老庄思想只能被证实为是一种伟大却难以引起社会共鸣的乌托邦。

有没有一种能让人人都得自在，又都能自我约束；既能推动社会的物质与精神发展，又能实现和谐、平等、互利的人际关系的理论与实践体系？

我个人认为：孔子的学说强调仁义与秩序，有助于建立一个有理有序的社会，但在这个秩序的屋檐下，缺乏老庄思想中与天地共舞的灵动与飞扬。但不论是老庄还是孔孟，他们在面对生死时，都有一种既看不到生命的开端，又望不到生命终点的"念天地之悠悠"的茫然。

而道教的修炼法我也不愿尝试。如果说那时的我把佛教理解为迷信与落后，道教在我看来，就更只是一种"养生术"而已。

至于西方哲学，当我从苏格拉底一直探究到萨特时，才发现他们基本上是把浑然一体的身心与大千世界，割裂为主与客的两分法。这种分析式的研究方法，与我心目中和谐、一统的宇宙观完全相背。

分析当然是综合的前提，但西方传统哲学中分析之后的综合仍然是主客分立，只要有观待、对立、主次，就不会是一个完整的宇宙。我总感觉，所谓的绝对真理，应该是泯灭了一切条件、从属、对待的"唯一"本性。

父亲临终时"哈利路亚"的歌声，那位学佛同学的解释，眼下面临的种种精神困境，都让我开始意识到，佛学将是我能拿起的最后一把钥匙，是我所知道的思想流派中，最能说服我的一种。

在"哈利路亚"的歌声中，我送走了命途多舛的父亲。带着一线希望，我开始把佛学摆上了自己的书桌。

看的第一本书是《金刚经说什么》，看过之后竟三天吃不下饭。我突然发现，自己就像偶遇宝藏的流浪汉，那种种的奇异珍宝，足够我炫目好长时间。且不说我头一次听闻了不立名言又假借名言的"空有不二"的辩证分析，头一次知道了所有的有为法都如梦幻泡影一般（尽管以前也了知客观与主观相对待而存在，但从未想到过"空性"的问题，更没有胆量与智慧去把主观、把自己也观为空性的存在），头一次明白了缘起性空、性空缘起的不二法门。《金刚经》的开篇一段，就已经让我震惊不已，佛陀亲自乞食、食讫亲自洗钵、敷座而坐等等的行持，让我一下子就明白了他的伟大之处：在语默动静当中，他所体认的真理已然表露无遗。

这就是我所要的：既可以从无上的高度把握人生实义，又可以把高深的道理落实在最琐碎的生活中。借助它，不仅可以洞彻宇宙，还可以把握宇宙、参与宇宙的造化演变。

从此，我就正式走进了佛门。

想不到父亲的死倒促成了我的人生转机，看来佛法的确是不离世间觉。可惜的是，绝大多数人都把日常生活执著为实有，因而无法理解山河大地皆为广长舌、皆在宣说般若妙音的道理。不过，像我这样，现成的佛教经论摆在眼前，数十年间也都没有去碰一碰，人们又怎么可能透过纷繁乱眼的表面风光，去体认这一切的虚幻无实呢？

因此，我尽可能把佛法运用于生活、运用于当下。在这一过程中，我对空性的道理越发深信不疑，甚至吃饭的时候都在想："禅宗大德说，终日吃饭未曾咬着一粒米，到底是谁在吃？吃的又是什么？"

也就是在这个以日常生活为行持的阶段里，我渐渐对世间八法，对所谓的亲情、友情、爱情生起了越来越强烈的厌离心。既然本性都是空的，都是梦中情感，都是空花水月，我为何还要继续给自己套上枷锁呢？我还远远达不到于空有之间游刃有余的地步，还摆脱不掉自己的这身臭皮囊，还不能做到对任何事物、情感、思想当体即空，甚至有时候连分析它是空也做不到。但既然已对这个世界无所留恋，那就让自己轻装上阵，飞奔在解脱大道上吧。

所以，当我1996年第一次见到两位德高望重的活佛，感受到他们身上那种智者的气息和悲天悯人的情怀，便只稍稍打点了一下家里的事情，就直奔他们所在的喇荣五明佛学院而去。

到了以后，又见到了更多的高僧大德，特别是法王如意宝。当看到法王穿着一身无比庄严的僧服端坐法座之上，给数千数万的僧众讲经说法时，我的眼泪一下子就流了出来。正像父亲唱着"哈利路亚"找到了他前生的家一样，见到法王的僧衣，我也有一种特别熟悉的感觉：那应该是我穿过的衣服。

现在，我已在佛学院出家数年了。我相信自己已知道了终极真理在哪里，尽管还没能最终拥有它，并与它融为一体，但至少我已经在路上。

多么想对徘徊在真理的门外或沉溺于世间苦乐、麻木自欺的人们说一声："去积极地寻找生活的意义吧。"

圆塔从父亲的死体会到生命的延续，应该说还是有一定智慧的。有多少所谓高智商的知识分子，不管目睹多少次死亡，仍然无视生命的警示。

我很欣赏圆塔的这种生活态度——去积极地寻找生活的意义。的确，假如人们活在世上却不明白生命的真相，岂不有点自欺欺人？可惜，像圆塔这样能在领悟后转变思想的人，实在微乎其微。有太多的人，无论怎样都不会放下顽固的成见。

无垢光尊者在《七宝藏》中，曾指出远离过失的六种方法，其中一种就是关于品性的过失。这种"病人"往往非常顽固，从不愿改变错误的观点，实属愚痴至极。我希望知识分子们都能打开智慧，用真知灼见去观察、分析生活的底蕴。在这个过程中，不妨多以佛法为参照去研讨一番，如果发现佛陀的教言的确有道理，就应该放下成见，不管自己曾经固守过多少时日。

因为活着，就是为了寻找它的意义。

> 一匹孤寂的白马良久伫立在荒凉的草原上，
> 它无视外境的一切变化，目光茫然地注视着洁白的月亮。
> 如果让我重画《白月》，画面一定会充满祥和与安宁。
> 白月不再朦胧，白马不再孤独。

心若安，何须万水千山

7月2日的早晨，与往日略微有些不同，空气中多了一丝令人不安的气氛。

跟平常一样，我在佛像前供水，恭恭敬敬地磕头，又诵完每日必念的经文，正准备洗脸时，敲门声响起来了。

"谁呀？"我走向门边。

"是我。"门拉开，圆特那张粗犷又带点串脸胡的脸出现在我面前。

圆特长得高高大大，肤色黑里透红，高原的风已毫不客气地在他脸上留下粗糙的岁月印痕，怎么看他都像藏族人。后来一了解，才知道他是蒙古族人，曾在某个美院进修过，是蒙古族引以为傲的大画家。

"堪布，我想离开一段时间。"圆特犹犹豫豫地开口说道。

最近一段时间以来，已有许多人向我提出过类似的要求。有时我真不知道是答应他们好，还是不答应他们好。我问圆特：

"一定要走吗？"

您知道的，现在四众弟子的闻思修基本上已全部停止了，待在这儿也没多大实义。我想到附近的地方去画画唐卡，很多寺庙都邀请我了。不如刚好趁此机会去参观参观，同时也借画唐卡培点福报。等将来佛学院恢复正常了，我再回来。

看来我也没有什么更好的理由挽留他，干脆让他走吧。主意一定，我的心倒轻松了。于是我一边洗脸，一边与圆特聊了起来。

"我记得你好像有一幅画在国际上得过奖，有这回事吗？"

是的。1994年的时候，我的画卷《白月》两次在日本名古屋的"中国当代少数民族优秀美术作品"中获得优秀奖并被拍卖，就连画卷的复制品也被高价收购。

"真的是大画家啊。听说你的蒙文书法也被美国、德国、我国台湾等地的收藏家收藏。好像你还担任过一部什么影片的演员兼美工。现在出家了，这些都没有了，后不后悔？"我半开玩笑地问圆特，他不好意思地笑了。

　　那个电影叫《遥远的牧尔嘎乐》，曾在中央电视台第二套节目中播出过。要说名利，也确实捞到过不少，蒙古文版的《水浒传》的封面是我设计的；现在内蒙古的中小学张贴的年画《开门办学好》也是我画的。但是与佛法相比，这些都只是蝇头小利。

　　"怎么会从画画转到学佛这条路上来的呢？"

　　其实《白月》，确实是当时心态的写照：一匹孤寂的白马良久伫立在荒凉的草原上，它无视外境的一切变化，目光茫然地注视着洁白的月亮。创作这幅作品的时候，我的内心充满寂寞与无奈，总觉得自己就像一个孤寂的斗士，坚强的外表下，是一颗迷茫而脆弱的心。就像画中的白马追循着月光一样，我那时多么渴望能找到精神的寄托，让漂泊的心不再流浪。

　　现在回头再看，真有往事不堪回首的感觉。若不是今年来到佛学院，真不知道那匹白马还在何处游荡呢。如果让我重画《白月》，画面一定会充满祥和与安宁。白月不再朦胧，白马不再孤独。因为我已经找到了究竟的归宿，找到了最终的依怙——法王如意宝。

　　看圆特谈兴正浓，我想索性让他把自己的人生经历都和盘托出吧，我也对他从流浪的状态回归心性家园的历程很感兴趣。圆特没有拒绝，恐怕他也有一肚子的话要往外倒。

我的童年，是在内蒙古大草原上度过的。那"风吹草低见牛羊"的深密草丛中，散落着一座座洁白的帐篷。在来来回回地穿梭于帐篷间游戏时，溜走了我的少年时光。

我常常去寺庙里玩耍，可以说是在嘎拉增活佛的膝盖上长大的。他对我的爱护让我终生难忘。我的名字就是他老人家给起的，意为"神斧"，可谓寄托着他对我的无限期望。

"看来你小时候就与佛教有着不解之缘。长大以后呢？"

从小我就与大自然亲近，但长大后却被无常的命运驱赶得越来越远。很多个远离家乡的不眠之夜里，身边总是飘荡着青草的气息。越是这样，我越是喜欢追寻岁月的足迹，我真想保留住每一份成长的画卷，将我曾经拥有的、留恋的、向往的，都用画笔淋漓尽致地表现出来。

我画了大量的蒙古画，创作了大量的雕塑工艺品。但最让我过瘾的还是为各大寺庙画唐卡的经历：我曾为内蒙古巴林草原聚莲塔处招庙画过《大白伞盖佛母》，还为青海塔尔寺时轮经院画过《时轮金刚》。画唐卡时，被渐渐淡忘的童年的宗教情结就会悄然浮现。每创作一幅唐卡，我的心就得到一次净化，那种平和是我在创作别的作品时难以体验到的。因此，我总想找到这种情感背后的究竟原因。

一次偶然的机会，我认识了色荣敕力马教授，他成了我真正的藏文和藏医老师。在1992年到1997年这四五年间，我跟随老师深入学习了《四部医典》。也就是从这时起，我开始系统地了解佛法，特别是密法，童年的宗教情结第一次得以清晰地浮现在意识层面。经过这几年的钻研，我对佛法生起了真正的信心，感觉以往三十八年的光阴就好似虚度一般。

1997年之后，我协助老师将藏文的《晶珠本草》译成了蒙文，同时还致力于编撰《蒙藏汉互译辞典》。可这时，我在声明学上遇到了困难，特别是在藏汉互译方面。为了解决这一问题，我下定决心来到了佛学院。

其实好几年前我就想来佛学院了。在全国各地东奔西跑的这几年，又画这个又画那个，结果越画心气越浮躁。佛学书看了不少，佛学名相也弄懂了不少，但每每抚躬自问，我就会感觉到现在的宗教情感竟还不如儿童时代清纯。世俗的与出世的、感性的与理性的、繁杂的事务与实修的渴望，总也无法取得平衡，我想到佛学院来，找到具德上师。

2001年，这个机会终于来了。第一眼见到法王时我就发愿：生生世世不离上师，生生世世不离佛法，生生世世出家为僧，永不在轮回中迷失自己。当法王无以言表的慈悲目光落在我身上时，我的心也豁然开朗，一直隐藏心间的宗教情结也全部打开。我突然明白，为什么一直以来会对佛教有一种说不清道不明的亲近，就是因为只有在佛法当中，我才可以找到自己的归宿，找到永恒的家。

家乡的草原早已成为记忆中的风景，而佛法赋予我的家园，却可以永久安置我自由的灵魂。什么画展、拍卖、电影，统统都成了历史，我不想再胡跑乱颠，就在这里把心安住下来吧。

听圆特说到这里的时候，墙上的挂钟正指向七点半，我该出门了，今天还有几个讨论佛学院前途的重要会议。一边整理文件，一边想着给圆特的临别赠言，但我实在不知道说什么好。

圆特在佛学院待了没多久就出家了，眼前的他已然是一名僧人，那一脸的正气、浑身上下透出的相好庄严，让人由衷替他高兴。

好不容易找到依怙，离开上师肯定是他最不想做的事。有哪一个真正的修行人不愿在上师的庇护下，利用难得的暇满人身去精进求道呢？很想再叮咛他几句，但已没有时间了。不过我想，只要真正把上师装在心间，再遥远的距离也不会隔断那普照山河大地的月之清辉。

披上披单，和圆特一起离开了我的小院。当我们沉默着来到该分手的路口时，我冲他点点头，然后头也不回地继续走我的路。

但我知道，背后望着我的那双眼睛一定湿润了……

> 大家都不相信，一个前卫的小帅哥
>
> 会走进青灯古佛的梵刹，
>
> 一个事业狂会放弃即将展开的锦绣前程。
>
> 他们预言我将在三年内还俗，或者变成个花和尚。

不褪色的时尚

当今社会，西装就像一日三餐那样寻常。

上至总统下至清洁工，如果他们都穿上西装，恐怕你未必能分辨得出来。有一年国庆，我还见过一位钉皮鞋的鞋匠，脖子上工工整整地打着一条领带。

这样的时尚大潮，也涌入了藏地。走在甘孜州的大街小巷，你会发现越来越多的藏族男女老少将西装披在了身上。会不会有一天，连在山顶放牦牛的牧童，也蹬一双锃亮的皮鞋，系一条花花绿绿的领带？

圆解却恰恰相反。他脱下笔挺的西装，换上了庄严的红色僧衣。

当越来越多的藏族人在汉地和西方的文化中"受洗"，最终背弃了自己的信仰和传统，这位生活在时尚前沿的汉族人，却走进雪域高原，并将这片纯净之地的文明奉若瑰宝。

我是比丘圆解，祖籍江苏徐州，生于1978年。大学毕业后，我于驻徐空军后勤学院从事酒店管理。由于工作需要，每天我都是一身笔挺的西装，而今，庄严的袈裟却日日不离身。说起此番换装史，还要从上海的一次奇特邂逅说起。

当时的我，有着强烈的事业心，自认为已具备了一定的基础与能力，就从单位辞去工作，准备成立一家集商业、餐饮、快递于一体的连锁公司。万事俱备，唯一对快递业的运作还不太熟悉，我便决定去上海做实地考察。

在上海走访了三四家快递公司之后，我拖着疲乏的身体随便找了家旅馆倒头便睡，不多时却被邻床传来的声响吵醒了。蒙眬中看过去，原来是一个和尚正给一些人讲着什么。好奇心赶走了我的睡意，我开始聆听起他所讲的话语，一向自认为聪明，结果却怎么听都不明所以，只听到一些"须不提、须不提"等费解的文字。等旁人都走了，房中只剩下我们两人时，我就带着调侃的口吻问他："哎，师父，你为什么出家？"

"为了让生命更有意义地延续下去。"和尚认真地答道。

意外的答案使我的戏耍之心顿时熄灭，于是就有了接下来的恳谈。

师父来自九华山罗汉墩，在家时是位空军中尉，在西昌从事二级火箭的发射工作。谈话中，他内心的祥和、调柔和渊博的学识汩汩涌出，使我的敬意油然而生。他把他领会的佛法结合自身的传奇经历善巧地开示给我。当他讲到"无常"这个问题时，顿时开启了我的记忆仓库，两段遗忘已久的往事悄然浮起，印证着他的话语。

有一次，我坐在出租车上，前方的一辆"面的"在行驶中忽然起火，浓烟从车窗喷涌而出，同时伴随着车内一阵阵撕心裂肺的叫喊。恐其爆炸，我们的车加大油门快速超过了它。等再回头看时，那辆车已变成"火车"了。

还有一次，我在公路边候车，旁边有位年轻人与朋友大声地说着话，后来他开始穿越公路。正当我翘望着班车开来的方向时，就听得身后不远处突然传来紧急刹车的声音和"嘭"的一声巨响。回转身，刚才还在说话的那位青年，此刻已躺在了十几米开外的路上，口鼻出血，全身猛烈抽搐……

师父对我说道："我们的生命实际上与旷野中的油灯一样，不知何时便会刮来一阵无常的风把它吹灭。"听到这些警语，我开始意识到，一直以来，我和我的朋友们，都视生命为理所当然的事，但是"无常"却以种种残酷的方式否定着这种愚昧的想当然。只是它一次次敲响的警钟，在我们的耳朵里却成了一种自然的风铃。

是该警醒了！因为真实的死亡会毫无预警地降临，使我们顷刻间一无所有。法国作家蒙田不也这样说吗："在地球的任何地方，死亡都可以找得到我们。"

　　"那么死了以后会怎样呢？"接着我的这个问题，师父又讲了许多。其中有段话，现在想来仍是发人深省："待人接物的过程中，我们常常会感觉，这个境况似乎非常熟悉，似乎早已经历过，此刻不过是重复而已。这在很大程度上是因为前世等流习气的成熟，致使我们再次面对同样的人或事，有似曾相识之感。"

　　师父最后微笑着反问了我一个问题："为什么世界三大宗教都承认有来世？是不是三大教主一致商量好了用虚幻的来生协助统治阶级安抚百姓现世的不平？为什么在人类文明史上，有数不清的人，包括世界顶级的科学家、哲学家、文学家乃至贤明的帝王将相，都相信轮回和因果？是否他们都是比我们愚痴的笨蛋？"

　　我们就这样彻夜长谈了数日，直到有一天，当我在师父的引导下看完弘一大师的传记。他是丰子恺先生的老师，曾经集戏剧家、音乐家、教育家和书画家于一身，而后又出家弘法，成为现代律宗的祖师。大师的生平事迹让我的出尘志愿不可遏制地生起，好像是顺理成章一般，当天我就奔赴九华山月身宝殿披剃了。

　　待圆满此举后，我才将消息通知给朋友们，包括当警察的女友。结果我发现，对他们来说，我的出家比耶稣复活更令人难以接受。大家都不相信，一个前卫的小帅哥会走进青灯古佛的梵刹，一个事业狂会放弃即将展开的锦绣前程。他们预言我将在三年内还俗，或者变成个花和尚。

日月交替，我庆幸并深感欣慰，时间证明了我对佛法的信仰不是盲目的冲动，也推翻了他们的预言。我非但没有退缩，反而追寻着正法来到这雪域高原。

特别是在佛学院，当我依止了严父般的上师后，更加懂得了佛法的浩瀚无边，及其不共的正理性与堪察性，这一切都坚定了我走下去、不回头的信念。此时我才深刻地领悟到鲁迅先生当年深深的感慨："释迦牟尼真是大哲，我平常对人生有许多难以解决的问题，而他居然大部分早已明白启示了。"

记得当初在酒店做中层管理时，每天都要运用大学中所学的"公共关系学""旅游心理学"以及"礼宾学"等专业知识去面对一批批的客人。处理每一笔业务时，都感觉书上的专业知识只是一种冠冕堂皇的话，在实际运用中都不得不蜕化为冷冰冰的仪式。

整个操作过程中，连最简单的微笑，在我和同事们的潜意识里，也埋藏着不堪告人的虚伪与造作。久而久之，彼此之间尔虞我诈的隐形关系也就成了公开的秘密。下班后，我经常去迪厅蹦迪，以此宣泄心中的压抑。迪厅里歇斯底里、"群魔乱舞"的情景，恐怕比魔鬼世界都有过之而无不及。

庆幸出家，让我得以远离往昔那种无助的痛苦。庆幸得遇佛陀，让我在滚滚浊世中睁开迷茫混沌的双眼，去领略清净安详的彼岸风光，从此身心畅然，洒脱自在。

我很想提醒大家，世上有智慧之路，也必有愚痴之路。它们往往离得很近，因为真理和谬误只有一步之遥。但关键处走错一步，就会全盘皆输。骄傲无知的现代人，自以为聪明、学识渊博，其实常常深陷愚痴之中而不自知。

有一点我们需要记住，那个超越生命以外的永恒世界，不会对幼稚、短视、漫不经心或财迷心窍的人发出光芒。

想鼓励所有的有智之士，以十足的诚心、万分的信愿去踏上精神之旅。佛法并非少数精英人士的奢侈品，如果你想畅游这座"广严城"，我可以为你做身披袈裟的"专业导游"。

这个曾在南开大学旅游管理专业就读的大学生，能下这么大的决心，除了前世善根成熟外，一定还有不少今世的努力与因缘。

发心出家，穿上出家众的衣服，对一个人来说，可能是他在百千万劫的轮回中难得的一次机缘。伟大的无垢光尊者曾说过：得转轮王妙饰无数次，真正披戴袈裟只一回。无始劫以来，我们可能做过很多次转轮王，但绝少获得过出家身。仅此一点，就能明白出家的殊胜功德了。

从佛教的观点来看，袈裟披身能遣除一切违缘和痛苦。《地藏十轮经》中说：在家人数以百计的绫罗绸缎，也比不上出家众的一套僧衣。因此，不管别人怎么说，从出家以来，我就不曾羡慕过任何款式、质地、颜色的在家衣服。

穿上僧衣的圆解，无疑是庄严的。

蓝光闪过之后，那房屋倒塌、

家破人亡的一幕幕凄惨景象总让人难以忘怀。

在这样巨大的灾变面前，

我第一次感受到了人的渺小与无力。

苦难是一场加冕

记得有一天，整个喇荣云雾缭绕，漫山遍野的雾气中不时飘落一阵毛毛雨。傍晚时分，云雾散去，远远的南山上空，蓦地出现一道弯弯的彩虹。山谷当中传来布谷鸟的歌声，一户户小木屋的房顶上升起袅袅炊烟，一派春意盎然的山居图悠然浮现在眼底。

我沉浸在四周新鲜清凉的空气中，准备翻译无垢光尊者的《赞颂寂静圣地文》，圆彼恰在此时敲响了院门。

这个圆彼平日里总给人一种英雄好汉的印象，他身材高大壮实，往那儿一站，还真有几分威仪。他来请教几个问题，解答之后，我特意向他询问起出家的因缘。望着对面山顶的那道彩虹，圆彼用平缓的语气，道出往昔的一段无常巨变。

我是唐山人，十一岁那年，在唐山大地震中跳窗才得以逃生。在震后重建家园的过程中，我又搬砖石又和泥巴还盖房子，以致瘦小的身上伤痕累累。

很小就领略了所谓战天斗地的景观，我却并未感到任何乐趣。震后的大地虽被人们重新踩在脚下，但蓝光闪过之后，那房屋倒塌、家破人亡的一幕幕凄惨景象总让人难以忘怀。在这样巨大的灾变面前，我第一次感受到了人的渺小与无力。

随着年岁的增长，我的性情也变得内向而暴烈起来。平日我不大擅长言辞，只愿独自思考，还特别喜欢阅读历史著作和名人传记，常常为古人感伤不已，而对于做功课、考大学却总是提不起热情。我最感兴趣的，是那些长期以来令我百思不得其解的难题：活着是为了什么？这世上存不存在一个终极真理？若不存在，为何还要依法行事、依理待人，而不能胡作非为、任意妄动？若存在，它又是什么？为什么人们不去依循？诸如此类的问题总是翻来覆去地盘旋在我的脑海，长久地挥之不去。

高考结束，我知道自己不会榜上题名。于是在技校学习了两年后，我便进入唐山钢铁公司第二炼钢厂，成为一名浇钢工人。后来，一半是工作形势所迫，一半是深感知识太过欠缺，1987年我又考上了东北工学院（今东北大学）的本科函大，在钢铁冶金系自学五年半后，终于拿到了毕业证书。

应该说我在工作中的表现还算出色，一直是公司连铸技术举足轻重的骨干，以致出家一个月后，单位领导还和我弟弟专程来过喇荣，劝请我回厂继续工作。在读函大期间，我组建了温馨美满的小家庭，爱女也于两年后降生。接着我们又拥有了两套住房，家电也相继置备齐全。我们夫妻感情笃深，一家三口其乐融融。

早在中学时代，我的数学与物理成绩便十分出色，甚至产生过用推理的方法推演出宇宙终极真理的想法，当然这是不可能达到的。对于物质的组成、物质运动的规律、物质与意识的关系等，我都产生过不少疑惑。通过思考这些问题，我受到了很大的启发。

参加工作后及上函大期间，我对这些问题依然没有淡忘，并逐渐发展到想对此进行考察、参访和亲身体验。我翻阅过大量的资料，拜访过许多信众，还走访过许多道教传人等。这些经历虽然未能解开我的疑惑，但收获也确实不小，让我对人生有了更深层的思考，也让我越来越想弄清楚真正的人生目的与生活方式。

后来，当我有幸读到米拉日巴尊者的传记时，我便深深地被这位藏传佛教的大成就者悲壮动人的苦行证道故事打动了，尊者的智慧道歌更是震撼我心，把我多年来的迷惑几乎扫荡殆尽，甚至还让我萌发了要去亲修实证的念头。

有位学佛的同事此时又送来了《金刚经》及《六祖坛经》

让我参读。第一次看完后，自我感觉似乎有所领悟，可以后再读时，又感到越看越弄不明白，即使查遍佛学辞典与各类资料也是枉然。这时我才发现，自己是太过于自信与骄傲了，原来我根本就没有什么真正的智慧。这让我第一次感到了佛法的深邃与不可思议。我想若无明师指点，恐怕连经论的一个字、一句偈颂都无法理解，更谈不上什么实证了。

1996年夏，有位居士到唐山开讲《六祖坛经》，我便逮着这个机会认真听了一回。听完第一讲的那晚，我彻底失眠了。躺在床上辗转反侧之时，冥冥中似乎听到一种奇妙的声音在耳畔不断地轻声呼唤，就像是慈父在暗夜中呼唤走失的爱子快快回家。我突然感到自己有一种身处无边旷野的孤独与恐惧，同时也猛然醒悟到，父母妻女其实也同我一样在暗夜里盲目地摸索、挣扎，不知何时就会突遇猛兽深渊，我也终将与他们失散于轮回。

越是深爱着他们，越是惶恐人生短促，我想立即去寻找令自他永久安乐且永不分离的方法。当时的我隐约感到，唯有伟大的佛陀才拥有真正博大深广的慈悲和智慧，才能够真正救度我们。也就是从那夜起，出家的念头开始占据了我的脑海。

说到这里，我要深深感谢我的母亲。母亲不但自己崇信佛法，还带领我们家祖孙三代同去北京法源寺皈依了三宝，求受了三皈五戒。一直修持念佛法门的母亲认为，学习佛法是个好事，佛教提倡的"诸恶莫作，众善奉行"对个人、家庭和社会都有益处。但她认为我好好念佛就可以了，不一定非出家不可。

　　我当然理解她的心，她是不舍得宝贝儿子离她远行。爱人听说我想出家后，沉寂了很长一段时间，仿佛时间在我俩之间已然凝固一般。末了她哽咽着说："我尊重你的选择，但你能不能等女儿十八岁以后再出家？她现在还小……""你别当真了，我只不过开个玩笑。"

　　看着她难受的样子，我只好以谎言来安慰她，不过在心底我却一直在暗自伤痛、暗自斗争。的确，作为厂里的技术骨干，工作也无法让我脱身，在大家心目中，似乎不能没有我的存在。但我总在想，如果有一天我死了，他们又会怎样呢？其实地球会照常运转，他们还会如往日般正常地工作和生活。只是我自己的生死大事，此生还会有希望吗？

　　虽然做不通家人的思想工作，但心中的目标却不曾改变。经过反复斟酌衡量，又得遇恩师指点，一年之后，我终于来到了喇荣。对于我的出家，许多学佛的居士和亲友都不理解。但我想雪域之行其实并未离开世间，只不过暂时离开了不利于闻思修行的环境而已。

　　六祖惠能说："佛法在世间，不离世间觉。"这句话一方面指出了修行佛法不一定在摒绝尘寰之处，另一方面也并没有让我们不用离开世间的意思。作为一个普通人，身处世间往往会随波逐流而造诸恶业，正如佛语云：若想世间生活和佛法修持两全其美，就如同骑一匹马却要同时上山和下山一样，恐怕是不可能的。

　　也有人说我：众生皆有佛性，智慧本来具足，又有《大藏经》等众多经律论典为指导，因此，不必依止善知识学法，更不必远离家乡、亲人，花那么多代价去吃苦。但是《华严经》中却早已说得非常清楚："譬如暗中宝，无灯不可见，佛法无人说，虽慧莫能了。"如果没有人讲说佛法，虽有智慧，也不一定能懂佛法奥义。况且世间的学问和技能尚需拜明师学习，出世间的佛法智慧，又岂能不依止上师呢？

自己学佛的一点心得体会已让我感受到，只有听法，并得到具有清净传承的上师的加持，智慧方能得以显现。同时，我们还必须认真思维法义，对佛法生起真正的定解，再依此定解如理如法地修持，才能趋入戒定慧三学，真正使自心与佛法相融，从而证悟心的本性。

明白了道理，剩下的就要靠自己的精进实修了。修学佛法是一条漫长而艰辛的旅途，但我相信，漫漫征途上，一定会留下我一串串坚实的脚印……

听完圆彼的讲述，抬头一看，刚才的那抹美丽彩虹已不知躲到哪里去了，只见太阳正露出笑脸，在山那边静静地吐露光辉。它的光线正好打在圆彼那轮廓分明的脸颊上，一种刚毅的神情被烘托而出。

我感觉圆彼是一个很诚实的人，在千万条纵横交错的人生小径中，这个小伙子选择了出家的道路。这种举动表明，在他诚实的品性背后已初步具备了一个智者的灵魂。

世间人无论有无善根，往往一生都陷在家庭、工作、事业中，有数不清的烦恼纠缠。能否斩断这些葛藤，是修行能否即生成就的先决条件。很可惜，我见到的大多数人，连金钱这一关都不一定能参破。

朝于斯，晚于斯，行住坐卧都不离"这个"。这样的"修行"会有什么打破生死的前景呢？钱都放不下，你还能放下什么？口里念着钱、手上数着钱的人们，不妨细细品味一下著名女作家三毛在《钱钱钱》当中的一句话："世上的喜剧不需金钱就能产生，世上的悲剧大半和金钱脱不了关系。"

漫漫人生征途当中，能否先从钱的束缚中解脱出来？如果一直向钱看，你会迷失方向，而金钱带给人们的祸患既恐怖又致命。内心里一直希望人们都能为真理而生存，不要轻易折腰在"孔方兄"面前。记得过去的一位同学曾对我说："在家人是为金钱而活着，烦恼极了；你们出家人却为解脱而活着，这真快乐。"

这句话，值得诸位三思。

有什么舍不得

贰

——

人生有注定，也有逆袭

凌晨四点，我正手脚并用"爬行"在山崖上，

忽然感觉前方有一个大东西挡住了去路。

拿出电筒一照，天哪！是老虎。

它正用发亮的眼睛瞪着我。

真的勇士，敢于直面轮回

一个真正希求出离轮回的人，一定有着不同凡俗的勇气。何况圆皆还是一位女性。

从新加坡来到泰国，又前往印度，圆皆最终在高原藏地停下脚步。一个人的朝圣旅途中，比外在的险境更难面对的，是内心的考验。她用惊人的勇气，安忍了种种苦行，求学、求道、求真。这样的发心，在纸醉金迷的今天，是多么可贵。

她在佛学院出家已经六七年。每当寒冬腊月来临，看着这个来自热带国度的修行者，在她并不能遮挡风寒的小木屋里钻研佛法，我就感到

非常欣慰。

她给我讲述了周游列国的旅程，就像一部现代版的"西游记"。而比异域风情更动人的，是她心灵的蜕变。

佛陀曾说：越过刀山与火海，舍身赴死求正法。这是何等的豪迈。

我叫圆皆，来自新加坡。我的祖籍是广东，家乡在靠近海边的一个小镇上。

从小我都是在丰衣足食的优裕环境下成长的，从未因物欲的不满足而苦恼过，慈爱的父亲总是想尽一切办法逗我开心，不让我受委屈。十岁以后，由于家境日丰，加上父母对我也越发溺爱，我就更是过上了无法无天的自由生活。

记得那时，每天上学带的钱都不少于一百块，下午放学后便约上几个好友上馆子、逛商场、看电影，或到游泳馆游泳、健身房健身，不到天黑决不回家。这样的浪荡日子过了整整三年，我整天想的都是哪里有好吃的、哪里又有了新玩意儿、哪家戏院在上映新电影……手里有几个臭钱，又没人管我，结果脾气越来越暴躁，动不动就张口骂人，性子也越来越叛逆。

我买了大约有二十多双各式各样的鞋子；几百乃至上千元一套的衣服随手乱丢；一大堆好看不中用的包包……玩到最后，我已是忘乎所以，到上中学时干脆连课也不上了。学校附近有家"德士歌舞厅"，我每个星期都要光顾三四次。把头发染成最前卫的橙蓝色，夹在一大群"红毛绿鬼"中间，从傍晚七点一直狂扭到第二天凌晨三点，然后再去泡酒吧。喝得酩酊大醉时就借宿朋友家，早上迷迷糊糊起床后，又开始新的一轮吃喝玩乐。

那一阵子，我根本不知道这世上还有一种东西叫崇高，也不知道人生应该有一个目标叫理想。

想来也是造化弄人。十六岁那年，真应验了古人所说的"物极必反，乐极生悲"，狂颠得不知天高地厚的我忽然得了风湿性关节炎。病情来得非常迅猛，没几天我便全身抽筋，手指及脚趾关节扭曲、肿大、不能伸直，不久手指就变形得无法握笔写字。疾病突发后的三个月中，我随父母遍访中西名医，但都无济于事。

有一江湖郎中说，要治好这病，唯有以火烧遍四肢关节，使血液循环加快。就这样，我每隔一天便要去体验一次火烧关节的"治疗"，被这样烧了整整两个星期，就差最后被他烧死，病情非但没有任何起色，反而更加严重了。

在我生病期间，曾经称兄道弟的"好哥们儿""好姐们儿"没有打过来一个电话；妈妈把那么多好吃好喝的摆在我面前，我却连抬手拿它们的力气都没有；爸爸对我如此疼爱，看着我痛他也掉泪，但他根本代替不了我受罪……生病期间，我脑子里开始出现这些平常压根儿不会去想的现象、问题。病痛逼着我躺在床上，无法疯癫的我，有了从容的时间去回味往昔的所作所为。

记得有一次，听到爸爸在走廊上对主治大夫说："先生，求求您了，无论如何也要治好我女儿的病，花多少钱都没关系。"当时我就忽地冒出这么一个念头："家里钱财这么多，为何买不来我的健康？如果得个关节炎就已经受不了，甚至想到自杀，那当死亡来临的时候，我又该如何，那种痛苦岂不要将我击得粉碎？"特别是想到这最后一个问题，我顿时毛骨悚然、不寒而栗。

就在种种的煎熬困顿中，我第一次思考起自己的人生。爸爸的一个朋友来看我时，带来一本《圣经》，他希望我能有一个信仰。但当我一看到"信我者得入天堂，不信我者则入地狱"，我就偏激地认为，这句话太自私了，这是一种权威与恐吓吗？

没过几天又有一位阿姨前来探望，她无意中说出的几句话却让我久久回味不已。那几句话是："地狱不空，誓不成佛，众生度尽，方证菩提。"我赶紧问她这是谁说的，她告诉我，这是佛教里一个叫地藏的菩萨发下的无尽誓愿。两相对照，我立刻对这位菩萨、对佛教产生了信心与好感。我惊讶世间居然还有这等的慈悲，别说我不了解的地狱了，就是把另一个关节炎患者的疼痛转移到我身上，我都会被彻底压垮的。我也立刻就相信了地狱的存在，这医院不就是人间地狱吗？

我急忙问她佛教里还有什么菩萨，她脱口而出："观世音菩萨啊。"我一听就觉得这个名字特别耳熟，想了半天才恍然大悟，这不就是我们家供奉的观音娘娘吗？十几年来，我对家中这位娘娘像几乎视而不见，一直把她当成是封建余孽，是没知识没文化之人的精神寄托，却想不到她原来是佛教里的一位大菩萨。

从此我便开始了每天持诵观音圣号的经历。大约人在困苦中，祈祷也更加恳切吧。在狂欢纵酒中，我把观世音菩萨抛诸脑后，在极度痛苦中，我却想到了她，自己都觉得非常不好意思。但痛得实在没办法，我也就边流泪、边打针、边诚心地祈祷，忍无可忍之时，我真的是放声大哭，一把鼻涕一把泪地大声哀告观音菩萨：救救我吧，救救我吧！

没过几个月，我的风湿性关节炎居然痊愈了。

病好后的第一件事，便是到我家附近的一间寺庙去亲近我日日想念的诸佛菩萨。刚跨进大殿的门槛，就听到清悦的敲击大磬的声音悠悠传来。那一瞬间，我几乎惊呆了，身心忽然就清爽安宁了下来，原来人间竟还有着这样高贵、从容、淡泊的妙音。当时我就发愿一定要皈依佛门，这才是我梦寐以求的。

每个人皈依佛门的因缘都不同，而我就是被那一声击磬的声音带进来的。信仰佛教对我是种不需要任何理由的选择，因为我的命都是它赐给的。想起过去的荒唐岁月，我就惭愧得掉泪，幸运的是，这一切都过去了。

后来，我参加了新加坡一个为期三年的佛学班，并受了菩萨戒。这三年是我在学佛的道路上大踏步前进的三年，我如饥似渴地吮吸着佛法甘露，恨不能一天当作两天用。在对佛法有了一个基本的了解后，我便想离开新加坡去国外参学。我深深感到，在新加坡这个地方培培福报、入入门还可以，但如果一直这样耽著下去，就只能在人天道上徘徊。

　　我选中的第一个目标便是泰国。当把消息告诉亲朋好友们时，他们一致惊呼："哎呀，怎么能到泰国去呢？千万别去！"他们反对的理由，不外乎以下几条：

　　其一，那是小乘佛国，大乘行人跑去干吗？其实刚刚开始学佛的时候，我也是这样认为的。后来修习日久，我才发觉问题不是那样简单。佛陀早就说过：法无高下，心有大小。众生根基各有不同，一味平怀、等视群生是体，但用上还是要划出八万四千法门以对治不同的心病，哪有一种药是真正可以当万金油使的？就像《阿含经》，一般修行人都视其为小乘经典，但如果你以大乘心态去读，便会发现它处处都在讲大乘法门。

　　况且就我观察到的周围学佛人而言，个个都宣称自己修学大乘，但十有八九戒律都不精严。这样的话，菩提心岂非成了空中楼阁？基础没打好，般若正见如何树立？更何况作为"戒定慧"中心环节的"定"学，许多所谓的大乘行人连禅定的基本功夫都不具备。

　　他们反对我去泰国的第二条理由便是：泰国既是著名的佛国，又是声名狼藉的色情之都，经常有少女被拐入妓院的事发生。一个十九岁的女孩只身奔赴那样的一个异国他乡，这可如何得了？

　　对这种意见我更是一笑了之。经历了稳扎稳打的三年学佛后，我的成佛之心日渐增盛，不愿自己得安乐，但愿下化一切有情。就凭这种发心，我相信必能得到三宝的加持、护法的护念。况且泰国有那么多女孩，难道全都被拐入了妓院？

父母对我的决定更是惊惧不已，无奈中只得使出最后一招——断绝经济来源。我明白爹妈的苦心，但我更对他们的不理解表示遗憾。没办法，世上难有两全其美的事，最后我费尽九牛二虎之力凑足了路费，经过四天的长途跋涉，终于抵达了泰国南部。

泰国真不愧是佛教之都，这里全民信佛（后来接触久了，发觉信是信，但绝少正信，很少有人为了生脱死、救众生出水火而信），人们温和有礼、乐于助人，且对出家僧人及守持八关斋戒的在家白衣（持八关斋戒者专用的服装）特别恭敬。只要看到这些修行人身陷困境，一般的泰国人都会不遗余力地提供帮助。

我一句泰语都不懂，英文也非常蹩脚，独自一人从泰南走到泰中、泰北，最后走到泰国的东北部，一路上，一方面多亏三宝加被，另一方面就是这些热心而陌生的泰国朋友的帮助，才使我未被任何违缘击垮。

在泰国参访的第一位师父，是南传佛教著名的佛学家及禅师——阿赞布达他萨（佛使比丘），他是泰国当今最著名的高僧之一。他的道场行持仪规如下：早晨三点半，众人集于经堂，按僧腊的长短分序而坐，进行一个半小时的早课，然后便各回寮房、整衣持钵，开始了比丘们托钵乞食的清净行。

在这里，我印象最深的一幕便是：比丘们整齐地排着队，以十足的威仪、慢步前往附近的村落乞食，尊者布达他萨走在最前面，步履平稳、缓慢，举止端严、眼目慈悲，这一切俨然佛陀住世时与诸大德、阿罗汉们出外托钵化缘景象的再现。而每当尊者以低沉洪亮的声调布道时，常有小鸡、小猫、小白兔、小鸟依偎在尊者身边。这情景已永远地刻在了我的脑海深处。

在尊者这里待了几个月后，我又独自登上开往东北部的列车，继续我的求道之旅。

参学的第二站，是离泰国首都曼谷四百多公里的阿赞扬达的空寂道场。阿赞扬达在诸位尊者大德，比如阿赞布达他萨、阿赞查等人中年纪最轻，但修证境界一点也不比任何高僧差。

他的确是一位外行小乘、内秉大乘精义的大修行人，所传授的教义特别着重于修持四无量心、菩萨四摄法及般若空性，这也是"空寂道场"得名的原因。1984年之前，有七年时间，他被西方国家广泛邀请前去弘法利生，回国后又受到举国上下的热烈欢迎。这其中最重要的原因，便是尊者广弘大乘佛法。

空寂道场留给我两点永生难忘的印象：

第一，每当阿赞扬达尊者带领弟子们托钵乞食归来，全体僧众便以净水洗脚，而后入经堂，礼佛毕，席地而坐。用餐前大家先念诵经文、做餐前五观，然后以阿赞为首，先将一杯开水倒入钵中，再安静地进食。倒水的目的是将钵中酸甜苦辣的味道冲淡成一味，以减弱舌头对味觉的贪爱。他们的这个习惯让我在日后的修行中时时都能提起对财色名食睡的警惕与防范。

第二，在空寂道场我头一次听闻了空性的甚深义理，这为我接触中观，以及后来闻思大圆满"本来无生的大空性"打下了一定的基础。也就是在这里，我一方面惊讶于佛陀揭示的

"色即是空"这一真理的伟大与深邃，另一方面又隐隐地对于将"色""空"分开表示遗憾。

与一般小乘行人把"色"一步步分析为空，然后执著于空性去寻求涅槃、解脱相比，阿赞更超胜的地方就在于意识到了色当体即空，就像镜中影像一般了不可得，但他还是没有达到"空即是色""空有不二""性相一如"那样的高度，而这些，是我后来在雪域藏地、喇荣五明佛学院学习真正的中观时所了解到的。

当然，当时的我不可能有这么清醒的认识，只是朦朦胧胧地感觉到，"色"和"空"一定是水火不容的吗？如果真是如此，"借假修真"岂不成了一句空话？此岸与彼岸岂不成了永远无法跨越的天堑？

也就是在空寂道场，我萌发了要去印度探寻以龙猛菩萨为发端的般若大乘的真正法源的念头。但为了打好基础，我还是按原定计划来到了离空寂道场二百多里的一代女成就者帕美布翁格的禅林。

帕美年轻时嫁给了一个非常富裕的男子，他们共育有三个儿子。帕美出家前还经营着一家美容院，总之家庭生活非常幸福、丰足。但帕美从小到大都对物质上的享受不感兴趣，一生想的都是生死解脱的问题。

终于在二十八岁那年，她下定决心要禁语，并在每天从美容院下班后，独自一人走到郊外的尸陀林去观修无常，第二天凌晨五点再步行回美容院上班，这样的生活共持续了五年。

　　五年期间，帕美还以巨大的毅力持守八关斋戒，并天天以纸条向丈夫祈求，允许她出家修行。五年过后，首先是三个孩子被母亲的苦行精神所打动，他们一起代母亲向父亲祈请。父亲则在三个儿子的祈求下，终于答应了帕美的要求，准许她离家修行。

　　帕美选择的修行道场是一个荒无人烟的小岛。当我来到这个小岛上，立刻发觉这里实在是一个锻炼修行人的绝佳场所。我在这里住了将近一年，每当回忆起岛上的生活，内心便会泛起对帕美难以言表的感激。是的，在这里，我体会到了生死的无常；在这里，我学会了坚强地面对一切苦难；在这里，我学会了精进、专一、持久地提持正念；在这里，我打下了禅定坚实的基础……

　　在这个名叫吉祥岛的荒岛上，从帕美那里接受的最严格的修持便是，从中午十二点开始，赤脚在热沙上经行八小时。我的脚被烫得通红，全身皮肤爆裂，汗水最初像关不住的水龙头一样汩汩往外淌，到最后却连一滴也排不出。全身骨头像要散架似的，让我摇摇欲坠、眼前直冒金星。

　　按照要求，在八小时的经行中，不能有片刻的停顿，不能喝水、上厕所。但你绝不要轻易断定这是无谓的苦行，因为帕美要我们在这八个小时中，每迈一步都以佛陀圣号来提摄，一步一步、一念一念，用不间断的正念来扭转并最终荡空心里的妄念、苦念、畏难念，直到最后整个心中空灵一片。

　　经行一两个小时后，你会感觉到心魔开始作祟，以种种理由引诱你放弃经行、懈怠放逸。如果是发心不坚定、求道不真切的人，就很容易向自心幻化的魔头投降，但我始终心念耳闻佛陀圣号。我不相信自己保持正念的毅力敌不过四大假合之身的虚幻疲倦感，结果往往经过了四五个小时后，精神战胜了肉体的极限，剩下的经行之路就成了一段越来越轻松的自在之旅……

除了这种难忘的经行体验，我还记得有很长一段时间，帕美都让我睡在一具玻璃棺材旁，那里面有一具十五岁的女尸正在慢慢枯干。旁边还有有关有漏人身的不净照片，让你顿感所谓的俊男靓女其实不过是流动的厕所。在这里待久了，再睁眼看人，便觉得怎么看怎么像一具具白骨。

真正让我们对丑陋人身生起厌离、对短暂人生生起出离心的，是半夜三更时进行的绕荒岛修行。半夜两点半，我们便要各自独立爬上后山的原始森林，待到天亮再爬下来。这座山依然保持着原始的状态，山洞中有各种猛兽毒蛇，爬山过程中，有些路段不得不用双手攀缘树藤腾空而上。

有一回，凌晨四点，我正手脚并用"爬行"在山崖上，忽然感觉前方有一个大东西挡住了去路。拿出电筒一照，天哪！是老虎。它正用发亮的眼睛瞪着我。与老虎照面时，我的第一个念头便是：这下完蛋了。但瞬间工夫，平常接受的佛陀教言又让我渐渐稳住了阵脚。什么叫"人生无常""生命如风中烛"，我总算有了面对面的体验。

平常总在口头高喊"无我"，整天念诵"空诸所有""四大假合幻化之身"，一看到佛祖在因地以血肉之躯布施的事迹就泪流满面，整日说为下化一切有情粉身碎骨也在所不惜，念念都自信佛菩萨的慈悲愿力不可思议、观世音菩萨一定会循声救苦，只要心中有真切的信愿……怎么一到关键场合便什么都想不到了，脑子空白一片，双腿直打战？

"豁出去了。"当我下定这个决心后，整个身心便似卸下了千斤重担。既然一切都是"唯心所现"，那我的恐惧岂不是杞人忧天？于是我在心底默默地对观世音菩萨说："如果前世与这只老虎有恶缘，那么今天葬身虎口也不足为惜，但愿以此功德回向给它，使它早日超升、早获解脱。"

接下来，我就趴在悬崖上开始念诵观音圣号……大约几分钟过后，这只老虎长啸一声便转身离开了。我当时脑子里闪过的又一个念头便是："帕美平常讲，修行人只要时刻提起正念、对三宝充满信心、放下一切身心枷锁，如果不能证取大道，那这个佛教就算是骗人的把戏了。今天我总算实证了一回。"

后来我还经历了种种险境：在山洞中禅修，出定后发现周围竟挤满了豹子脚印；经行时，脚被毒蛇咬伤；睡在尸陀林，浑身上下被毒蚊子叮起几十处大包……但同时也能感觉到，我的心对苦乐境界的分别、执著和追逐越来越淡了。

我想我应该离开泰国了。在阿赞扬达尊者那里深切感受到的对中观正见、对最究竟的自利利他之路的探求愿望，此时越来越强烈地占据我的脑海。战胜老虎现在看来只是小事一桩，如何使自己及众生尽快与佛陀无二无别，才是今后的首要任务。

怎么办？当我静下心来问自己的时候，去印度的念头便自然而然地冒了出来。我坚信在这个佛陀诞生的国度，一定能找到自己希求的成佛之路。

为了筹足旅费，我从泰国又回到了新加坡，干起了所有能让我挣够"盘缠"的工作。父母对我的选择依然不是十分理解，但他们由衷地感到自己的女儿越发显得坚强、从容、大度了。在横渡马六甲海峡的游轮上，我做了几个月的服务生，终于凑足了旅费，再次只身奔赴比泰国更加遥远的神秘国度——印度。

在印度，我游历了佛祖成道时的菩提树、转法轮的王舍城遗址，还有三世诸佛成道的金刚座。当然也拜会了许多隐匿人间的高僧大德，甚至包括在喜马拉雅山脚下闭关的瑜伽士。但我最感激印度的地方是，在那里，我听闻了藏密的传承，并知道了日后成为我终生归宿地的喇荣五明佛学院的大名。

1995年，当我终于踏上佛学院的土地时，几乎已是身无分文。但在这儿待了一个月后，我认定自己是世界上最富有的人。曾经梦寐以求的无价之宝——成佛之道，终于在这里找到了。这里的教法涵盖了大小乘、显密的所有瑰宝，继承了佛陀、龙猛以来的教义精华，特别是有我一直萦绕于怀、朝思暮想的大中观的最究竟、清净的传承，当然还包括尽揽一切成佛阶梯的大圆满九乘次第。

我还能再说什么呢？漂泊了那么久，寻觅了那么久，当疲倦的心想要找一个最终栖息的港湾时，缘分这只风帆便将我安然地送到了佛学院这块可以永久休息的净土。放下了不安，放下了焦急，在紧紧环绕法王如意宝的五瓣莲花山谷中，我建起了自己修行的小木屋。

推开窗，大自然这幅巨画便立刻以未经雕琢的笔触扑入眼帘：远处有山，山上有草，青青草地上有穿着红色僧衣的我的同道。他们的头顶有天，天空里有云，自由自在飘荡的云儿，能否把我的心声带给蓝天下的所有众生？

我想说：爱佛法，是因为我珍惜生命。爱佛学院，是因为在那里，我可以把握来世今生。

记得我在新加坡大众学佛会听说了圆皆的经历后，看着窗外海天一色的景致，望着茫茫天地间奔波不已的人流、车流，想着越来越高耸云天的大楼，我就不禁感慨：这真是一个希求财富的时代，像圆皆这样的修行人恐怕会越来越少吧。

很希望真正的修行人都能把握住圣者遗留下来的财富，而不是像世间人那样，争先恐后地把金钱当作人生的首要目标。《法句譬喻经》中说："信财戒财惭愧亦财，闻财施财慧为七财。"这七财才是真正的智者所应追求的法财、圣财。

阿底峡尊者也说："舍弃一切有漏财，当以圣财为严饰。远离一切散乱境，依止殊胜寂静处。"在现今的环境下，圣者的语言又能被多少人奉为金玉良言呢？大多数人在日夜寻觅财富的过程中，大概都会把这些抛诸脑后。萨迦班智达就曾不无悲哀、不无痛责地说过："漂泊轮回诸众人，昼夜拼命求财富。"

能否有更多的人像圆皆一样，把佛法当成生命中的无价之宝，在勤勉不辍的求真过程中，打开生命本来的无尽宝藏？

患者大都很年轻，发病前与正常人无异。

出血后，颅内空间被迅速挤占，

造成呼吸中枢神经受阻，

病人往往因呼吸衰竭而死亡。

作为医生，我深深体会到疾病和死亡对人的威胁。

死，无可救药

释圆赞，今年三十七岁，毕业于山东医学院。

前年冬天他初次来佛学院的时候，突患重病，生命垂危，被送往县医院急救才得以脱险。后来佛学院创办为僧众服务的扶贫医院，捡回一条命的他主动发心当了医院的大夫，在紧张的闻法之外，又开始了行医生涯。

本来以他的中西医功底，无论国内外都有医疗机构邀请他加盟，但他还是选择留在这里，他说只有在这里，才能因闻思佛法而再续慧命。

来就医的患者无论贫富及出身，他一律待之如亲人。条件有限，他常常又当医生又当护士还兼药剂师。一到冬天，恶劣的天气往往给他送来每天多达上百的病人。靠着他精湛的医术，许多疑难杂症患者死里逃生，与当年的他一样，在喇荣圣地开始新的生命历程。

他是救死扶伤的医生，但他说，谁也逃不过死亡。

我家就在美丽的海滨城市青岛。记得上学时我并不是很用功，但因家教甚严，祖父是一位儒士，父亲又威严有加，这才管教得我考上了大学。在大学勤学了五年后，毕业时被分配到市立医院。

在神经科工作的两年让我感触很多。脑部血管病变是我临床遇到的主要病症，患者大都很年轻，发病前与常人无异。以脑出血为例，我碰到的患者基本上都属于突发性的，病因大都由生气、情绪极度变化等引起。出血后，颅内空间被迅速挤占造成呼吸中枢神经受阻，病人往往因呼吸衰竭而死亡。

其他的由于现代生活竞争激烈、人际关系紧张等引起的精神方面的疾病也不在少数。据《健康报》统计，全国精神障碍患者占总人口的比例已达30%～40%，而大学生中的比例还要更高一些。这说明文化水平高并不代表精神生活也必定健康，同时也提醒我们，发展经济的同时，要注重精神生活的质量。否则，临渴掘井，为时晚矣。

病房中，经常有亡者家人悲痛欲绝地哭喊，那生离死别的场面，实在让人揪心。我常想：这事如果发生在自己身上，该如何应对？即使有再多的钱财、名声和地位，面对死神，一概都不起作用。有的病人和亲属苦苦哀求医生，愿用所有的钱财换回一命。可是，成沓成沓的钱，此时也成了废纸。

人死不能复生，生命如此脆弱无常，谁也不知道能在世间活多久。怎样才能活得高明一些？怎样才能愉快地度过一生？死时能否不痛苦？能不能不生不死，恒享快乐？对死亡的恐惧与思考成了我那时的一大心病。作为医生，我深深体会到疾病和死亡对人的威胁，也因此更强烈地希望能获得战胜它们的力量。

由于受西方思想文化的影响，1987年我开始信仰基督教，以寻求心灵的安慰。巴洛克风格的高大雄伟的教堂、唱诗班优美动听的歌声、管风琴悠扬迷人的旋律，还有庄严圣洁的婚礼场面……这一切都曾使我流连忘返。然而，每一次参加星期天的礼拜后，兴奋之余，我却总感到一丝惆怅——除了这些音乐、圣歌以及婚礼场面，自己又有多少真实的收益呢？这种如叶公好龙一般的形象上的入教，一直持续到1991年。

直到有幸读到一本《印光法师嘉言录》后，其优美流畅的文笔、众多的理证教证、淋漓尽致的剖析让我了解到，人有前生后世、六道轮回。为了进一步弄清这些问题，那个星期天，我一改上教堂的惯例，转身走进了华严寺。

虽在闹市，但清雅的环境、茂密的山林、遍野的花香，使这座庙宇颇有点深山古寺的味道，真没想到在这样的都市中还有如此安静的去处。进入大雄宝殿，首先看到慈祥的世尊在向我微笑。那种庄严肃穆的气氛，还有阵阵清幽的檀香气，都让我陶醉不已。

几年来，我似乎已习惯了在小门小窗的教堂里与几千人共处，然而内心深处，还是更喜欢这大门大窗、宁静宽敞的大殿。看到法物流通处有许多纪念品、佛像、经书，我也请回了几本书，以期多了解一些佛理。看了这些书我才发现，原来佛教并非世俗中所谓的迷信之道，而是讲了许多深刻道理的人生哲学，这种感觉真令人耳目一新。

佛法告诉我们要认识自己的心，只有这样才能获得真正的自由，它并不主张向外攀缘、盲目崇拜。佛陀是早已觉悟的大智慧者，众生本来也像他一样具有如来智慧德性，但因迷惑颠倒而成为凡夫。这让我想起祖父早年对我进行的灌输——"人皆可以为尧舜"，二者似乎是同样的道理，看来它确实值得我下功夫学习一番。

此后，我便更多地涉足佛学领域，心情也随之渐渐开朗起来。我不再那么惧怕死亡的阴影了，因为已经知道了命自我立、福自我求和改造命运的方法。死并不可怕，怕的是活着造恶业而感召因果报应，深陷轮回之苦。

作为沿海开放城市的青岛，这几年经济发展很快。我也辞去公职，创办了私人诊所，收入日渐丰裕起来。在出国热中，去国外定居行医的同学越来越多，1999年，我也办好了去德国的签证，加上驾照、计算机、英语等证书，可以说已经具备了跨入二十一世纪的各种重要通行证。

美好的蓝图正展现在眼前，一切都算是顺心如意，此时，女友的家长也再三催促起我们的婚事。不过在多年的佛法熏陶下，我已不再只盯着眼前的利益，虽然对世间生活仍有留恋，内心深处却隐约感到：非佛门不能去。

那时的我站在出国、成家和出家的三岔路口，何去何从实难抉择，看着哪边都很诱人，哪边都很难舍弃，思想斗争十分激烈。常言道："一失足成千古恨。"我必须选择其中的一条路，且不会因为自己的选择而后悔终生。母亲极力反对我离家求法，同学也进行劝阻，并坚持让我到国外发展。女友则根本不相信我会离开她，放下安逸的生活到雪域常住。她自信地开玩笑说："看你能不能待上两个月，那里的环境一定很艰苦，太不适合你了。"

我思前想后，觉得结婚成家虽然能实现所谓的"成家立业"，但这样一来，必将整日为柴米油盐、养儿育女而奔忙，很可能就此陷入无尽的生活烦恼之中；到国外发展，固然待遇优越、生活富足，但在异国他乡也难逃衰老和死亡。

当时我的同学中就已经死了好几个，特别是有位朋友的同学，拿到出国签证后，就在上飞机的前晚，兴奋不已地携女友骑摩托车兜风庆贺，因为过于激动、车速太快，结果连人带车撞到了电线杆上，两人当场死去。

由此我深切体会到，追求幸福的愿望人人都有，但幸福在世间却太难找了，而因果却是那么的真实不虚。如果以前没有积累过福报，只是广造恶业，必定会感受众多苦报，即使再努力奔忙，也只是枉费心机……我知道自己无论如何都不能离开佛法，不能离开了生脱死、出离轮回苦海的道路，并且还要尽己所能，让更多的人也都了知此理，不能只贪图身体的享乐，而要解除精神上的痛苦。

最后，我终于走进了高原，走进了佛法阳光遍照的圣地。来这里闻思了一段时间后，更坚定了我当初的选择，在二十一世纪的钟声敲响的第一天，我跨出了走向解脱的第一步：剃度出家。

"青山遮不住，毕竟东流去。"光谈一心向法还不够，必须放下世间的五欲六尘。这些暂时的安乐，就像沉重的包袱，使你无法轻装向前。

上师曾这样告诫过我们：人，一辈子最重要的就是修持正法。而修持正法的保证则是出离心，否则绝难获得出世无漏的智慧。

记得大成就者米拉日巴尊者曾说过这样的一句话：我因为害怕死亡而前往寂静的山中，通过精进的修持，获得了对死亡无有丝毫恐惧的把握。

首先放下世间欲望的包袱，进而放下恐惧死亡的包袱，我想现在的圆赞该是体会到"看破、放下、自在"了。

读《金刚经》，嘴上挂着"空、空、空"，

空掉一样世俗的羁绊了吗？

你还要准备什么？准备再生一场大病，

然后拼命求佛保佑吗？

苟且，不一定能偷安

没得到智慧眼之前，我们很难看清顺缘违缘的真实意义。

正像伟大的藏传佛教学者麦彭仁波切所说的那样："有些情况表面看是违缘，实际却是顺缘。反之亦然。"

世间也有很多看似生活得四平八稳，实则一直在累积恶业的人。这些人往往陷于造恶的睡眠中，不能自知。但也有一些人，暂时遭遇许多痛苦的折磨，却以此因缘踏上寻求光明的正道。来自沈阳工学院的圆卑就是一个典型。

她自嘲由病入门，最终为了生脱死而来。

弟子圆卑毕业于沈阳工业学院，是"文革"后招考的第一批大学生。

我从小就生长在一个知识分子家庭，父亲是厂里的技术骨干，母亲"文革"前在部队当教师，后来回到地方做行政工作。爷爷奶奶都是旧时代的知识分子，我就是在他们的教育下长大的。

记得爷爷总爱对我说"诸恶莫作，众善奉行""积善之家必有余庆，积不善之家必有余殃"等。奶奶也经常从旁附和"心底无私天地宽""待人要善、要忍、要容，退一步海阔天空"，诸如此类的话，成了我小时候接受的最早的道德熏陶。

怎奈长大后，先贤的教言大多已时过境迁。随着社会的大流，我也被庸庸碌碌地推向世俗的沉浮之海。结婚、生子，一天天地打发过去，如果不是生小孩后的第二年突然得病，恐怕今生今世我就与佛法失之交臂，更谈不上出家求学，往后的日子也肯定如原先一般、庸碌而惯性地滑过去了。

当时我得了心脏病，病势来得非常迅猛，医生诊断为严重心肌缺血导致的冠心病。这种病是在父亲那一辈人中才会经常听到的名词，而我当时还不满三十岁。医生说："保持好还能多活几年，否则极易诱发心肌梗死。"找东找西求到了一位名老中医跟前，他也说："你这病很特别，精神性的，不好治，能维持现状就不错了。"

凡夫没有不贪恋肉身的，我也怕死，想多活几年，于是就开始了漫长而艰辛的病急乱投医的过程。先投靠在一位气功师门下，治来治去，总是时好时坏。最后那位气功师无可奈何地说："你这是因果病，治不了。"

我当时根本不懂什么叫因果，但"治不了"我可不答应，于是又开始了新的一轮治病历程。换个气功师，再找中西名医，尝遍民间验方，吃过无数千奇百怪的药引……结果一无所获。正当我真的感觉天快要塌下来时，一位同练气功的友人建议："干脆带你去慈恩寺吧，拜拜佛，看这最后一招管不管用。"

就这样，我进入了寺院。既不懂佛法，也不明拜法，心想反正只要能治好我的病，死不了就行。

结果一段时间下来，我非但没死，反而越活越健壮。这不得不让我对佛产生了好感，有了想了解的欲望。我步入佛门的起点，应该从这儿算起。

看的第一本佛学书籍是一本介绍因果的小册子，此时我又想起那位气功师所说的因果病。尤其看到杀生所导致的种种夭寿、多病的果报，我就为自己前世今生的杀生行为不寒而栗。"赶快放生！"这是当时放下书后，产生的第一个念头。

接下来，我又接触了《金刚经》《心经》《阿弥陀经》等。对因果我还能有点明白，但对这些经典，特别是《金刚经》《心经》中所宣说的般若空性，我就摸不着头脑了。不过有一点心里很清楚：一切都是缘起，我的病能治好，也是多亏了佛法这个"缘"进入我的生活，才使病有所"起"色，而别的那些千方百计找到的"缘"，都不能与我相应，所以是佛法给了我第二次生命。尽管现在我还不能把握佛法的般若精髓，但我相信，跟着它走不会有错。

有一天读《金刚经》，读到"凡所有相皆是虚妄"时，我突然想到了气功。几乎所有的气功都在"气"上打转转，运气、发气、采气等，全都紧紧执著在"气"上，这不就是执著有相吗？这又怎能与一法不立但又显空不二的金刚般若智相提并论呢？

这大概是我学佛之路上的一次小小顿悟吧。为了更进一步走进佛法内核，1999年我去朝拜了五台山。刚到那里，我就像回到了阔别已久的故乡，亲切、熟悉。进入普寿寺大殿，见到僧众的威仪俨然、戒律清净，我顿生欢喜，不觉脱口而出："我也要出家。"此话一出，我自己都惊讶万分，不知道这个念头是怎么冒出来的。

接下来我又拜了黛螺顶，在见到五文殊像时，感觉文殊菩萨就好像真的站在面前，那种身临其境的感觉无法用言语表达。我呆呆地跪在文殊菩萨像前，刹那间所有的往事全都涌到眼底。是啊，自己刚刚捡回一条命，以后用这条命干什么呢，还要再回老路吗？读《金刚经》，嘴上挂着"空、空、空"，空掉一样世俗的羁绊了吗？你还要准备什么，准备再生一场大病，然后拼命求佛保佑吗？

也曾自诩与只知烧香拜佛的老太太不一样，虽是由病入门，最终却是为了生脱死而来。可实际上，佛法在自己的生活中也只是一个插曲、一种点缀罢了。想到这里，我似放下了千斤重担一般，平静地在文殊菩萨像前发愿：我要出家，要脱离六道轮回，要发菩提心普度众生。

在普寿寺住了一个多月，其间听梦参老和尚讲解《心经》《金刚经》，对缘起性空的道理又多了一层理解。回到沈阳后，我准备向家里人摊牌了。

丈夫是个军人，回地方后在机关工作。他是个非常善良的人，但听说我要出家，一贯平和的脸上也终于有了些乌云："我从来没反对你信佛，尽管我并不信。在家不一样可以信吗，为什么一定要到又远又苦的地方去，搞得妻离子散才叫信佛呢？"

他平常少言寡语，但我知道他十分尊重人，对我们的孩子，他都主张尽量少压抑、顺其天性发展为好。因此，我尽可能把对佛的理解讲给他听，末了又对他说："家虽好，但无法排除干扰，我还没到万缘放下的境界，所以需要去庙里，那儿清静。再说我活到今天，全亏三宝给了我第二次生命，世事无常，我一定要珍惜，一定要报恩。更何况，我现在对世间八法已没有任何兴趣，待在这里，只是得过且过而已。"

丈夫没说话，一个人闷头想了一夜。第二天，他红着眼睛对我说："如果你认为你的选择没错，那就走自己的路吧。其实我在世间活得也很累，整天你争我斗的，连个安稳觉都睡不好。不过人跟人不一样，我还得带孩子，还得顾这个家。我不拦你，你去吧。"听他说出这最后一句话，我高兴得眼泪都掉了下来，丈夫终于为我打开了这"牢笼"最后也是最坚固的一把锁。我不知说什么好，只是喃喃地说道："谢谢，谢谢……"

同学、朋友知道我要出家的消息后，她们的反应全都惊人地相似，睁大眼睛，焦急地说："别开玩笑了，现在你身体也好了，工作也特别顺，跑到深山古庙干啥？信佛嘛，念念佛号、磕磕头就行了，咱也不做坏事，干吗非剃个光头？你可别信傻了、信迷了、信得走火入魔了。"

我也不知道该怎么跟她们解释，就只能从自己的切身体验入手："一、我的命是三宝给的。二、每当我遇到难题、难事、解不开的心理疙瘩时，都能在经论里找到解决的办法。再看看你们自己：小王现在是超市经理，她妹妹却连个工作都找不到。你们仨都参加了健身班，平常按一个食谱进食、一样的运动量，怎么她前天查出有乳腺癌，你俩却啥事都没有？那么多人得冠心病，怎么就我一人好起来？如果说不靠天、不靠地，命由我立，你又怎么个立法？很多道理，先看看《了凡四训》就能明白……"

我一直在想，等将来修有所成，一定先来度化这些姐妹。

二上五台山普寿寺的时候，我看到了法王如意宝讲传的《百业经》法本，这让我从因果不虚的角度更加深了对缘起性空的理解。空性在我眼中再也不是空无一物了，假若没有亲身证到"心空业亡"那一步，刀山剑树的景观绝对会现前，正所谓"纵经百千劫，所作业不亡"。在普寿寺我还看到了佛学院别的法本，诸如《入菩萨行广释》《佛教科学论》等。很自然地，佛学院成了我下一个参学的目的地。

今年总算因缘成熟，我终于来到了法王如意宝身边，并最终在佛学院披上了僧衣。

如果还有人要问我为什么出家，那么放下出家人本具的功德不谈，我想建议他们去读一读弘一大师的传记，并且还要告诉他们，清朝顺治皇帝曾说过：黄金白玉非为贵，唯有袈裟披最难。

披上袈裟的我，心中时刻不忘以弘一大师的话激励自己："出家人是最高尚、最伟大的。"为不负这"最高尚最伟大"六字，就让时间做证，看我在菩提正道上如何勇猛精进吧。

藏传佛教的大成就者邬金丹增诺吾在《赞戒论》中曾说过："若于殊胜佛法起信心，仅剃头发披红黄僧衣。果报今来善因得增长，经说种种善聚妙功德。"这首偈颂恰如其分地歌颂了出家修行的殊胜功德。

因此，我真诚地随喜圆卓以及一切为续佛慧命、绍隆佛种而出家修道者的功德。同时也希望现在或未来出家人的亲属，都能像圆卓的丈夫那般通情达理。要知道，当一个人内心的佛种成熟，什么力量也阻止不了它开花结果。

可有些人一听家人要出家，不是大吵大闹就是砸佛像、毁经书，甚至以自杀相威胁。先不说这种行为的可怕业果，以世间法律来论，信仰自由也是人的基本权利，干涉受法律保护的他人的自由，也是对法律的触犯。

有理性的人应当慎重思考。

> 林中的猛兽不来扰乱我，
>
> 百鸟的啼鸣让心意清明，
>
> 汩汩的甘泉似乎一直流进内心深处，
>
> 洗涤着灵魂。

观无常是最好的保单

圆森来自河南农村，他为人厚道，待人诚恳。在佛学院里，不论做什么事，他都很下力气，颇有一种老黄牛的精神。

一次在复印室，我碰到圆森，不善言辞的他向我讲述了自己的人生经历。

他曾经是一名矿工，在看多了生命的脆弱与无常之后，决心在生命的矿床里，开采觉悟的金沙。

我的家族中，好像没出过什么读书人。世世代代，祖辈们过着日出而作、日落而息的农耕生活，没有非分妄求，平淡地走完自己的人生路。

原本我也会按照这样的轨迹生活下去，但由于稍许有点文化的缘故，1982年，我考上了平顶山矿务局办的煤炭专业学院，三年后毕业，算是有了一个大专文凭。从此，我由农民变成了工人，离开了黄土地，在煤矿上班。

但身份的改变并没有带来生活实质上的提升，代表先进生产力的工人阶级，尤其是生活在社会底层的人们仍然遭遇着冰冷和黑暗，特别是井下工人。生活在高层次上的人，可能永远想象不出在井底采煤的艰辛。

在我们那个矿上，矿井生产作业面处在海拔零下一百八十米的深度，上下班要坐大型电车，经十分钟才能到达生产线，再走三十分钟才能到达工作面，真可以说是深入地底了。在井底生产作业面，常有地水淹没、瓦斯爆炸、冒顶塌方等，脆弱的生命或许刹那间就消失在土石当中。死亡的恐怖使矿工们时时警惕着，不敢有丝毫麻痹大意。

最初我被分到井下负责安全工作，矿上规定，如果当月没有事故发生，安全工作者将有二百元安全奖金，但我从来没有拿到过，因为总有伤亡事故发生，这样的厄运也会降临到我自己头上。

在一次抢险中，为救护因塌方被埋的几名矿工，我也身受重伤，被抢救出来送往医院急救，两天后才恢复意识，全身疼痛难忍。养病期间，我常常回想这次事故的全过程，想到自己从死亡线上捡回来一条命，不禁庆幸万分。但同时也异常后怕，如果当时的运气稍微差一点，我也许就命丧黄泉了。

由工友们的死和自己的侥幸逃生，我认识到人的生命是那么无常，说不定什么时候就会撒手西去。于是我暗下决心：一定要珍惜生命，善待自己，不能愧对父母的养育之恩；同时还应该多做有意义的事，否则太对不起那些死去的工友。

在医院住了一百多天，身体仍未完全康复。当时，我心灰意冷，不知未来的路该如何走下去，每天混在矿工俱乐部里，以小说杂志、电影电视来消磨时光。

一天，偶然在一本杂志上看到少林气功治病的讯息，这引起了我极大的兴趣，我当即就决定前去学功治病。在矿领导的支持下，我顺利地来到了少林寺，拜见了素嘉大和尚。大和尚亲切地向我开示了人身难得、尽快皈依三宝等佛法道理，并送了我一些佛学书籍。

从未听过佛法的我被师父的话深深打动了，心想：是啊，人的生命是宝贵的，可这二十多年来，自己都是在迷迷糊糊中虚度光阴。除了日食三餐、夜图一宿之外，从没想过去追寻更美好、更崇高的生活。原来，在晨迎日出、暮送晚霞的表层生活之外，还有启迪人心、净化人性的佛法如意宝。这可太好了，我一定不能错过，我也要皈依三宝、学习佛法。

后来，师父慈悲地为我授了三皈依戒，又安排我到少林塔沟武校学习。在武校，白天练功，晚上学习佛法，渐渐地，佛法对人生万象的诠释开启了我迷茫的心性。只懂一点数理化的我，第一次发现世上还有佛法这么一个广阔的天地。

尤其是读了《妙法莲华经·普门品》后，观音大士无私利他的大悲情怀，更是触动了我的心弦。原来在冷漠、势利的人海之中，还有菩萨的杨枝净水，将无尽的爱洒向人间，抚慰每一个伤痛的心灵。世上还有比大士更高贵的人格、更伟大的情操吗？

联想起上中学时，曾读到过的司马迁的一句话："人固有一死，或重于泰山，或轻于鸿毛。"这句话对当时的我影响很大，从那时候起，我就一直在想怎样才能做一个重于泰山的人，但始终没有找到方法。今天，了解到观音菩萨的事迹后，大士的大悲愿行可以说给自己树立了一个榜样。人活一世，与其整天在卿卿我我的儿女情长中度过，倒不如把生命投入到觉悟人生的菩提大愿海中去，这不是更有意义吗？霎时，一种生生世世依止圣者、随学圣者的愿心在我心中升腾起来。

在三宝的加持下，经过六个月的调养，我的身体恢复了健康。拜别师父后，我又乘车到洛阳朝拜圣迹。在一座寺庙里，我遇到了从五台山归来的一位法师，他了解了我的情况后说："练一般的功法并不能了脱生死，要想解脱生死，只有学习佛法、追随圣者的足迹、实践佛法才行。你可以慢慢去体会这几句话的含义，以后若有事，可到达鲁城北观音寺来找我。"

拜别师父后，我又回到单位继续工作，但心绪却再也安定不下来。想到释迦牟尼佛舍弃王位、出家修行成道的事迹，再对比我一个愚鲁凡夫，却被点点小利困滞家中不肯出离，这岂不是太懦弱了吗？不行，我也应当追随先觉者的足迹，出家修道。于是辞罢公职，拜别老母，到观音寺找到了那位师父，于六月十九观音圣诞日那天，顺利地落发出家。

在观音寺，我待了三年，这期间早晚诵经，白天建设寺院，虽然身体很累，心里却暖意融融。想想世间人，几乎个个都希望发财致富，获得快乐，可由于没有正法的引导，在邪见与贪欲的推动下，反而种下更多的苦因。如今自己已趋入佛法，在三宝的道场上，每天都能为今生后世积聚资粮，遣除过患，这能不令人欣慰吗？每每想到这里，我就浑身充满了力量，更愿在佛法的修学上精进不懈了。

1997年，出于对文殊菩萨的敬仰，我背上行囊来到了五台山。清凉圣境的风姿吸引着我，对文殊菩萨的景仰更使我不愿离开，虽然我没有什么高深的见解，但想在圣地苦修的念头却越来越强烈。于是在远离人烟的地方，我找到了一个山洞，简单修葺一下后，便将它改成了一间上好的禅室。

此后的生活虽然简朴，但游弋在佛菩萨的智慧海中，日日与般若神交，自己一点也不感到寂寞。林中的猛兽不来扰乱我，百鸟的啼鸣让心意清明，汩汩的甘泉似乎一直流进内心深处，洗涤着灵魂。不与俗人交，山居岁月是多么美好。

1998年我来到了色达喇荣五明佛学院，求得了一直慕求的观音修法。之后，满怀着喜悦的心情，我到了普陀山。依然是找一个山洞，依然是手掐念珠而趺坐，皈依、发心、祈祷、安住……心中的浮躁退去了，清明的智慧显发了，内心的乌云都在观音大士的慈眸中化为水，变成甘露，降入心田。三个月的闭关生活圆满后，我已身无分文，但修法所带来的身心愉悦让我有如获得国王的财富一般快乐。

为了体验另一种境界，我在游人如织的普陀山道上，披搭三衣，安放钵盂，稳坐路边，开始了乞食化缘的生活。也许是我的贫穷，也许是我的微笑感动了人们，一毛、两毛……一块糖、一个苹果……很快，我的钵盂便装满了。注视着每个布施财物给我的人，那些鄙视、不解、崇敬等的目光都尽收眼底。我一边轻诵着观音心经，一边自在摇动着转经轮，打量着人们，人们也打量着我，在一种心照不宣的对视中，我们各走各的路了。

离开普陀山，我用化缘得到的善资买了四百多米长的红布，将其带到五台山，同道友一起，在红布上印满了大自在祈祷文。当那一条条火红的经幡在五台山上迎风飘扬的时候，我的心也似乎随着那舞动的红绸升腾飞扬起来。

我祈愿着：愿那遍满十方、竖穷三际的大自在加持云，给每一位众生都带来清凉与喜悦……

圆森最初在煤矿工作，为了谋生，不得不下矿掏煤，获取生活的资粮。后来的遭遇让他认识了佛法，从而使他淘去了凡情的沉渣，筛选出佛法的金沙。

在我们佛学院的周围，也有一个大金矿，人们因而把色达称为金地或金马。许多淘金者也在这里辛勤地淘着金，有些淘到了世俗的金子，有些淘到了妙法的金子，还有人却一无所获。

希望人们都能像圆森一样，大浪淘沙之后，得到永恒稀有的真金。

> 如果能保佑母亲活过五年，
> 我愿落发出家以报佛恩。

五年之约，恍若重生

不论学佛或做世间大事，于事前因缘成熟时发下誓愿，很重要。在未来的行动中，会始终有一个高悬于心的目标，激励着自己坚持到底，直至成功。

只有行动没有誓愿，恐怕难以持久；只有誓愿没有行动，更是一纸空谈。

著名物理学家杨振宁教授曾说："成功的奥秘在于多动手。"而对学佛者来说，要想成佛也必须先有大愿后有大行，一步一个脚印，坚持不懈，必有感应道交的一天。

圆坚曾就读于广西大学中文系，出家前，她因救母心切，曾在佛前许下落发的誓言。现在的她如期履约，在佛学院出家，成为一名庄严的比丘尼。

因缘微妙，耐人寻味；五年之约，恍若重生。

出家后，上师给我起法名为圆坚。

自小接受的教育，使我一直是个无神论、唯物论者。对于佛教，我从未接触过，只在高中上历史课时，从教科书中了解到：学佛是专修忍辱、甘受人欺的行为。对照道听途说得来的有关基督教的印象，倒觉得耶稣的事迹还有点感人。

也就是从高中时候起，我开始思考一个问题：人活着的最终目标到底是什么？不过想来想去也想不出个答案，直到八年之后的1996年，我进入佛门，才得以解开这个心结。

大学期间，同学们都热衷于五花八门的联谊会、舞会，对这些我总有一种强烈的厌烦心，不愿涉足。但我一直挺推崇雷锋精神及"为人民服务"的人生观。刚好那阵子气功热，加上外婆与父母都是经常这里痛那里病的，一听说气功能治病，我马上就去学了。

在所有的功法中，我最欣赏的是自他相换治病法，我觉得这个功法最能体现为人民服务的精神。不过究其实效，我没有一次给人治好过，尽管常常出于好心，现学现卖地为别人诊治。

不知为什么，在二十多年的人生履历中，我总觉得自己的命运充满痛苦，毫无快乐可言，这也许就是所谓的运气不佳吧。

　　大学毕业后，我先后在印刷厂、私立幼儿园等处工作，也做过自由翻译，帮人翻译文章。这几年间，我的亲人几乎以每年一个的频率相继离世。每一次亲人的死讯都似当头棒喝，而当我刚从一个死亡的震波中缓过劲儿来，另一场家族的变故又迅速把我击垮。

　　印象中的那几年，好像三天两头都要往火葬场跑。第一个离世的是外婆。1991年，把我从小拉扯大，住在我家近二十年的外婆，突患脑出血去世。1992年，爷爷也猝然谢世。第三年轮到我的父亲，他得的是肝癌，全家人拼尽全力也没能留住他。第四年，奶奶又因哮喘病过世。我还没来得及擦干因痛失亲人而夜夜长流的泪水，第五年的春天，一张医院的诊断书又递到我手里：癌症晚期。这次遭遇病魔的是我的妈妈。

　　我急坏了，老一辈的亲人当中我就只剩下妈妈一个依靠了，这次，无论如何也要把妈妈从死神手中拉回来。指望气功是没希望了，因为妈妈为治疗她的胆囊、肠胃等慢性病，学气功至少已经四五年，钱也花得个稀里哗啦，到头来依然没能摆脱恶性肿瘤的结局。而且在治病的过程中，她的头痛刚好又开始腰痛，腰痛好了又开始胃痛，如此循环不已。

　　后来学了佛才知道，大多数气功都执著身体、执著气感，根本不知此身幻有，是诸苦之本、祸患之源。至于说有病求医，贫穷求财等，一方面不是不该求，人在世间，是应该努力争取改善自身及周边的境况；但另一方面，还应当从根本上下功夫，不能头痛医头、脚痛医脚，否则，一辈子就被疾病、贫穷等牵着鼻子走。

　　医生告诉我，即使母亲动完手术，最多也只能活五年。怎么办？当时的我尚显幼稚，对这一切不知所措。万般无奈中，我想到了"佛"。以前一直以为信佛是迷信，看见别人去庙里朝拜，总觉得他们愚不可及，但现在只要能救回母亲，要我做什么都答应。

　　于是每月初一、十五，我都要到市里的两个寺庙轮番祈祷，然后再翻山越岭爬过一片荆棘林，去一间比丘尼寺庙烧香祷告，每次还不忘请一份供过佛的斋饭带回家给母亲吃。当时的虔诚和愚昧让现在的我感慨万分：一边是精进的祈祷，一边又听信别人所说的要吃鳖和吹风蛇来进补，因此，我经常刚拜完佛就又风风火火地到菜市场买蛇买鳖，几个月下来，大、小蛇一共买了上百条。

　　直到有一天，我在寺庙里请了几本讲解因果的小册子，回家一看才吓得浑身瘫软。后怕之余恍然大悟，原来家里发生的一切都应验了"因果丝毫不爽"这六个字。

　　明白一点佛法道理之后，我便给母亲准备了一部小收录机，日夜不停地播放佛菩萨的圣号，并用我了解的一些浅显的因果道理启发她和我一样暗昧的心灵，还引导她不断地唱念观音菩萨圣号。说来也怪，在她动手术的前一天晚上，我在家里的观音菩萨像前发愿道："祈请大慈大悲的观音菩萨保佑母亲手术顺利，并能引领我的亲朋好友都皈依佛门。我愿吃长素以表谢恩，并发誓今后纵遇命难也决不杀生。如果能保佑母亲活过五年，我愿落发出家以报佛恩。"

现在想起当初说的这几句话，我还是深感欣慰的。如果不是救母心切，也许我往昔所种的那一点可怜的善根，还不知要到哪一世才能成熟。多亏菩萨加被，才使我在那一瞬间立定脚跟，当下成熟往昔善因。不置之死地，我焉能得以新生？

往后的事态发展让我不得不再次感叹佛菩萨的加持不可思议。母亲的手术非常顺利，伤口愈合神速。

等母亲于1996年出院后，我们全家便集体皈依了。皈依后，我越来越渴望得到大善知识的接引，因为越深入佛法，越感到自己愚昧无知。正如憨山大师所言："修行容易遇师难，不遇明师总是闲。自作聪明空费力，盲修瞎炼也徒然。"的确如此，就拿《金刚经》来说吧，一碰到"世界非世界，是名世界"这样的句子，我就犯迷糊。没有般若智慧、没有上师指引，这样的修行不可能通达成佛之路。怎么办？我再次面临不知所措的困惑。

恰在此时，我身边又发生了一桩怪事。雷燕珍是我中小学时的同学，因谈恋爱受刺激得了精神病，最后把半瘫的父亲从五楼一直拖到一楼而活活拖死。当时我就在想，这样的生活还有什么意思？她父亲从小到大那么疼她护她，但最终却被女儿整死，撕开亲人间温情脉脉的面纱，骨子里的东西不是讨债就是还债。从此以后，我对世间凡人的琐事兴趣越来越淡，求法的烈焰却日复一日地炽盛起来。

我先是去了四川新都的宝光寺，依止了一位在家师父。

从他那里，我感触最深的，便是他结合教证教理揭示给我们的"人身难得"这一真理。他说："人身难得而易失，一失人身则万劫难复。想想看，我们每天都面临死亡的包围：车祸、疾病、意外天灾……诚如佛言，得人身者如指上土，而失人身者如大地土。"老先生的话让我一下子就想起了以前放生时在菜市场看到的情景，那么多的鱼苗，数不清的泥鳅……与人身对比，数量的多少显而易见了。

明白了这个道理，更激起了我的求道之心。接着，我就开始了一段曲折而又艰辛的求法修证之行。这期间曾遇到过大善知识，也遭遇了不少假法师、假活佛；闻思修了一些正法，但更多的时候，则是在歧途徘徊。特别是有一个阶段，不知受了哪位法师的"点拨"，一个劲儿只求顿悟与直超，枯坐死定，不事闻思。这样盲修瞎练、贪简求易，几乎将我彻底引入迷途。好在最后这一切都过去了，每当回首往事时，心中最感慨、最庆幸的便是：1997年五一期间，我终于和妈妈、妹妹摸索到了喇荣五明佛学院。

没见过珠穆朗玛峰的人，可能连家门口的一个小土丘都会当成高山而仰止；没在大海搏击过风浪的人，可能蹚过一条小溪就自以为能做中流砥柱。在见到法王如意宝、见到佛学院的闻思修状况后，我们娘仨才知道了什么是真正的佛菩萨、什么是清净的正法道场。

喝过牛奶的人，恐怕不会再对臭水沟里的污水甘之如饴了，因此我做出了一个此生都不会再更改的决定：留在佛学院。

想起与妈妈同时开刀的几个病友，现在都已全部撒手离世了，只有她还健康地活着；想起当年一同参访的道友，除了一个跟我一起待在佛学院外，其余的还在江湖上飘荡，有的甚至沦落到谤佛、违法、弃圣的地步；想起妹妹来信告诉我，在离家不远的菜市场，每天依然上演着肆意杀戮的惨剧……我的心就不能平静。

在佛学院闻思了一段时间的正法后，经过母亲的同意，我终于在2001年剃发出家了。此时，距我当初发下为报救母之恩而出家为尼的誓愿正好五年。倒不是害怕此时不出家，佛菩萨会收回对母亲的"恩赐"——佛菩萨的慈悲绝非凡夫的分别心所能揣度——而是我自己真的感到，如果说佛菩萨给了母亲第二次生命，那么我则要以佛法来重塑自己的慧命。

如今的圆坚正行进在菩提大道上，但不知她能否长期地坚持。有很多曾经精进过的学佛人最终退失了信心；有些则干脆走上邪门歪道；还有些虽有心学佛，却无力"回天"，因为周围的环境非常恶劣，想从中孕育佛法的秧苗可谓难上加难。能一辈子修持圆满的人真如凤毛麟角。

我身边就有这么一位老喇嘛，从我七岁认识他起，三十多年来，他留给我的印象始终是在念诵经文、精勤持咒，似乎从未间断过。即使在那些风云诡谲的岁月里，他也不曾停下过拨动念珠的手指。

不过这样的人是越来越少了，看看周围更多的人，今天依止这位上师，明天依止那位活佛，东奔西跑、三心二意，如此修行又怎能成就？台湾有位专弘净土的大德，他也提倡一门专修，我想他这样做可能也有他的密意所在。

其实我不怕别人不学佛，怕的是学佛后半途而废。藏族有句俗话："稳固的修行是开悟的征相。"而每个人的生命又那么短暂，所以我才牢牢记住根本上师法王如意宝的话："我一生中没有做过很多选择，依止的上师是托嘎如意宝，修学的佛法是大圆满，最终的愿望是往生极乐刹土。"

有智慧的人们都应该记住上师的金刚语。

> 了解那些情执深重的文学家，
>
> 介绍那些宣泄情爱的作品，
>
> 并指导学生们也创作出如是的作品。
>
> 穷此一生，对自他能有多少利益？
>
> 时间永不停息地流逝，生命一步步走向终结。

人生有注定，也有逆袭

7月3日下午，待在到处漏雨的小木屋里，看窗外扯天扯地的雨从天空泼下，我的心情十分沉重。

喇荣发生了历史上罕见的大水灾，持续多日的暴雨造成部分山体滑坡、坍塌，"三身"区的房屋几乎全部被毁。大略统计，近一千四百多间僧俗弟子修行、生活的房屋被彻底冲垮，财物损失巨大。

万幸的是，人的生命没有遭到损害，但四众弟子的情绪已受到明显干扰。目睹这凄凉萧条的场面，我不能不倍感心酸。

世事原本就处于无常变迁之中。原来繁华兴旺、十方学子云集的佛教都市，在天灾前几成废墟，将"苦空无常"的真理演绎得触目惊心，也让我们对这个永无实性的世界，生起不可遏制的厌离。

天气预报预测，未来十几天内还将有连绵阴雨及特大暴雨。这意味着，幸存的几千间房屋也将再次遭受冲击。

并非人人都有坚固的无常观，对许多凡夫俗子来说，无情的灾难让他们措手不及且悲观难过。其实与修法比起来，房子并不算什么，真心希望这次事件不会对大家的心灵造成创伤，希望他们能尽快走出灾难带来的阴影。

让我的心稍感宽慰的是，在这种危险的状况下，圆磨还守在早已空无一人的办公楼上研读佛经，真有几分英雄气概。

这位曾经的高校老师，正沉浸在佛法的雨瀑中，无限欢喜。

我出生在广西西北部，一片稍显落后且缺乏佛法甘露滋润的土地。儿时对佛教的理解，基本上建立在电影《少林寺》带给我的认知层面上。所接受的教育与生长环境，使我从小到大都把佛教当作一种愚昧、落后的产物而加以排斥。

当然最终，我很幸运地得以披上袈裟，走上修学佛法的道路。从排斥到信受的整个过程，我并没有丝毫盲目冲动的因素，完全是一种理性的抉择。

生长在农村，我对农民的生活还是比较了解的。少年时代虽然没有听过关于哲学家与牧童对话的故事，但也常常为农民那种生存方式感到悲哀，他们只为了果腹和生儿育女，年复一年地奔波忙碌。尽管我只有一些模糊的感觉，也并未认真地思索过关于人生意义的问题，但总觉生活应该是另有内涵的。

从世俗的角度看，我还是比较幸运。因为父亲是国家干部，我在生活、学习条件等方面比一般的农村孩子优越些，从小学、中学到大学，并没有经历太多的坎坷。

高中毕业后，我考入了广西民族学院中文系，最终获得了文学学士学位。这里是广西乡土作家的摇篮，我也满怀着当作家的憧憬踏入了大学校门。系领导在开学典礼上关于历届学长在社会上功成名就的介绍，更是让我激动了好长时间。在那些跃跃欲试的日子里，干一番轰轰烈烈的事业似乎成了生命的全部意义，于是我拼命地在报纸、杂志、电台上抛洒小文章，以期获得社会的注意与认可。

等到后来真正接触了一些作家，想象中的那些神圣光环却顷刻间荡然无存：他们也一样在为油盐柴米、儿女升学就业而疲于奔命；他们在作品中开出来的所有药方，无一能对治他们在现实生活中甚至比普通人还炽盛的烦恼。我忽然意识到，这样的"作"其一生，与我曾悲哀过的农民的生存又有何异？

理想的大厦已被架空，失落感促使我钻进图书馆的书堆里，试图在哲学的世界里寻找理想的支柱。从老庄、孔孟到程朱，从苏格拉底、柏拉图，到尼采、萨特，寻找的结果，无一符合我原先的期望，尤其是现代派哲学，更是令我大失所望，我甚至觉得某些现代思潮已堕落为一种空洞无聊的文字游戏。稍感欣慰的是，古典哲学尤其是中国古典哲学，倒使我那颗失落躁动的心得到了些许清凉和抚慰。

现在想来颇为遗憾的是，由于先入为主的思维定式，我曾一次次地与佛法擦肩而过。记得读高中时，在历史读物中知道了佛教"六道轮回"的观点，那时觉得这种理论真是可笑。等后来接触了西方现代生命科学的一些研究报告，尤其是西方科学家有关灵魂方面的研究结果，我那固执的神经才受到深深的触动，从此，我对"六道轮回"的说法也就有点半信半疑了。可惜的是，当时总觉得有那么多高深理论等着我去研究，"六道轮回"的问题就暂且搁置一旁吧。

虽然对于《中国禅宗哲学研究》之类的书籍也曾有所接触，结果却发现，不论自己还是作者，都自觉或不自觉地以一种所谓的批判目光去分析佛教，这种目光通常带着狭隘的偏见，又能获得多少真实的利益？

不过，可能我还是稍微有点善根吧，对古圣先贤所宣说的关于做人的道理一直都能接受，甚至佩服得五体投地。我曾经想，如果每个人都能好好学习这些圣贤的著作，世间就不会发生那么多的悲剧。常常感慨于人们只会做事，在做人方面却往往一塌糊涂。每个人都希望自己获得幸福、快乐，而所作所为却在给自己制造痛苦和灾难。于是我发愿毕业后要好好教书育人，将古代圣哲们的智慧传递给学生，以求他们能拥有健康圆满的人生。

一次在火车上，一位长相不错却举止轻佻的年轻女子主动和我搭话，当时我问她："知道人生最大的遗憾是什么吗？"她说不知道。我就告诉她："人生最大的遗憾是时间不会倒退，我们永远无法回到从前。我们可以轻率地迈出一步、做出一个决定、说一句痛快的话，然而却很难将之收回。这是世间诸多痛苦的来源。"她开始感到有点不好意思，沉默了一阵之后，她问我这些是从哪里学来的？我说，在古圣先贤的著作里比比皆是。她带着点感激说，以后一定要好好看看这些书。当时我就很有感触：古人的智慧其实并未过时，只是现代人在几近疯狂地追逐物质享受时，渐渐把它们淡忘了。

大学毕业后，我如愿被分配到桂西北的一所师范专科院校——河池师专教书。我在这里工作了三年半，曾担任写作学、中国古典文学等课程的教学。在教书的过程中，我那"育人"的初衷始终没有改变，然而真正能够做到这一点，却是在进入佛门之后。

我越来越体会到，若没有一个高尚的人格，想"育"好别人几乎是不可能的。不调伏好自己粗重难消的烦恼，又如何去完善别人的人格？也曾想借助现代科学洞彻这个问题，但一个明显的事实是：用现代科学仪器装备起来的现代医学，连延缓某些首脑人物哪怕几个月的寿命也做不到，在冷酷的死亡面前，这些愿望被粉碎得一干二净。现阶段科技的发展，除了增盛人们的物欲外，对于宇宙实相又能掌握几分呢？面对浩瀚无边的宇宙，依靠现代科学手段，人类也只登上了一颗离自己最近的星球。我承认科学在某些方面的功用，但我不会迷信它。

好在教学任务并不重，闲暇时我便开始接触《印光大师文钞》《弘一大师文集》等书籍，还有国内外一些法师讲经说法的资料。这些书籍和资料都很深入浅出，我被佛法博大精深的内容吸引住了。加上在大学里对"六道轮回"的些许感受，种种偏见和执著渐渐被佛陀所宣说的甚深道理折服。

偏见在真知面前一点点消融，反思则慢慢生起，自己的无知浅薄在真正涉足佛教后暴露无遗。这时才发现，原来那些喜欢诽谤佛法的人，往往都没有看过佛经、更谈不上研究过佛经。记得学佛之初，曾有人问我："为什么要迷信这些？"我反问他："你看过佛经吗？了解佛经中所宣说的道理吗？"他很茫然地摇头，我再反问他："那你凭什么说它是迷信呢？我并没有见过你朋友，我说你朋友是坏人，行吗？"他不好意思地笑了。

本来我可以像身边的大多数人那样走下去：教书、评职称、结婚生子，直至老死。然而，学校通告栏上频频出现的讣告却时时刺激着我那安于现状的神经，其中有老教授，也有年轻的教师。如是地生活，如是地死，这难道就是我生命的模式？了解那些情执深重的文学家，介绍那些宣泄情爱的作品，并指导学生们也创作出如是的作品，穷此一生，对自他能有多少利益？时间永不停息地流逝，生命一步步走向终结，这时，我对那句"如少水鱼，斯有何乐"算是稍稍有所理解了。

思考宇宙的无边无际、时间的无始无终，倍感自己的渺小和生命的短暂，对世间无意义的空耗深感痛惜。也没有经过翻天覆地的剧烈思想斗争，我便做出了一生中最为重要的一次抉择。

因为考虑到来自各方面的压力，我没有公开辞职，而是选择了悄然离去。要走了，才发现割舍掉亲情是一件多么困难的事，当然也舍不得离开那些调皮又乖巧的学生。母亲很善良，而且也信佛，这让我多少有些放心。父亲是干了几十年革命工作的老党员，对我学佛的事，心里总是有点疙疙瘩瘩的，所以离家求法的事就没有告诉他。但母亲再通情达理，儿子毕竟是她的心头肉，我知道她心里其实很难过。

离家的日子终于来了。那天，母亲没有哭。望着风中她苍老而慈祥的面容，我忍住了几次想落下的泪滴。

背上行囊，悄悄地离开这片仍有点眷恋的土地，我就只身上路了。

在雪域圣地——喇荣五明佛学院，经过一段时间的闻思后，我对佛法有了更深一步的了解，对缘起性空等甚深的道理也有了一定的认识，身心上的受益难以言说。我深深地感受到了佛法的伟大与世间琐事的无意义，于是决定舍俗出家……

正聚精会神地听着他的叙述，外面又传来了房屋倒塌的声音。于是，我们不得不中断这次谈话，约定以后再续。

走在大雨中，迎面碰到很多来去匆匆的人，许多人脸上都挂着一副怨天尤人的表情。我却没有什么怨恨、愤怒、无奈的情绪，因为我知道，这次水灾是众生福报浅薄所致，属共业所感。

想起曾经闻名世界的佛教圣地那烂陀寺：当时的寺院里圣者辈出、名噪一时，堪称南赡部洲的一大庄严。但当它被外道摧毁时，那么多具足神通的大成就者，却因众生的业力所困，无一能显示神变挽回厄运。有些班智达带着几百人逃往克什米尔，有些则流浪到萨霍国……仅仅几天之内，那烂陀寺就成了一片废墟。

面对这次的自然灾难，我感到人力是如此的无助。但就在此时，脑海里突然浮现出英国诗人雪莱那振奋人心的诗句："冬天来了，春天还会远吗？"

想着想着，我露出了会心的微笑……

叁

心住何处？物从何生？

在亚青，我吃遍了当地所有能吃的野菜。

每当吃野菜的时候，脑海里便浮现出当年

觉三上师"逼"我挑水的情景……

再苦再累，我甘愿承受。只愿能再次找到上师。

缘聚缘散，你都在我心中

圆离到佛学院的扶贫医院发心已两年了。尽管我与她接触不多，但总觉得这个出家人很精进。每次去医院，总能见到她读经、看书，或者诵咒。印象中，她每次考试的成绩也很不错。后来听别人介绍，才知道她在白玉的亚青寺也曾经精进于闻思修。

她来喇荣求法是为了追随她第一个金刚上师的足迹，这一点的确与众不同。听她说，学成密法后，还要回汉地弘扬佛法。难怪她在佛学院期间如此苦行求法，长期过午不食，都是为了这个崇高的目标。

一次空闲时，我让她讲一下学佛的过程，她的经历曲折，那些只有寒夜孤星知道的故事让听者动容。上师的离开，给了她难以忘怀的痛苦，也给了她矢志不渝的坚强。

1967年，我降生在吉林省长春市的二〇八医院。胖乎乎的我见到谁都甜甜地笑，父母也就用"二胖"来做我的小名。

那时的经济虽不像现在这般发达，但身为部队团级干部的父亲，依然能使全家过上富裕的生活。我就是在这样一个风平浪静的环境下，度过了快乐的童年、少年及青年的美好时光。

高考的落榜是我人生的第一个挫折。好在第二年我又得以在进入工作单位的同时，考入中南财经大学下设的武汉经济管理大学财会专业。

说起学佛的缘起，还得感谢我的弟弟。我唯一的小弟性格很内向，不爱多说话。从他上高中起，就在每天做完功课后捧起佛经来看。当军官的爸爸、当老师的妈妈对他的举动都非常不解，因为包括我在内，我们所接受的教育都把佛教划在封建迷信的余孽里。大学教哲学的老师也说，宗教是人类精神的麻醉剂，佛教是受苦者将希望寄托于来世的门票。

所以我们都推测弟弟可能是在寻找精神上的安慰吧，毕竟现在的高中生，有几个是精神充实而愉快的？或许弟弟碰到了什么不如意的事，反正我们都不愿干涉他，怕他受到伤害。

可能都是同龄人的缘故，我是最早想走入弟弟内心深处的人，也是最先被他"熏习"直至最后"同化"的对象。我很疼爱小弟，所以渐渐对佛教也产生了兴趣，它到底说的什么？如果说麻醉人，又是怎样麻醉的？弟弟为何如此沉迷……

就这样，我开始去了解佛法。首先是佛经里的文辞吸引了我，那简洁明了的语句犹如优美的散文诗；介绍修行人证悟过程的文字像是一篇篇小说；而有关世间、出世间环境的描摹简直就是风景散文。

接下来便是走进佛经的内涵，越深入其中，我越感到佛教决不是什么"麻醉剂"，恰恰是警醒世人的"醒世良言"。它所阐发的关于宇宙人生的哲理，让人生生世世都受用不尽。

妈妈看我这么热乎地与弟弟打成一片，也略感怪异地讲述了家中一件尘封已久的往事：姥爷在世的时候就信佛，家里还供着一尊观世音菩萨。姥爷去世后，限于当时的社会环境及父亲的身份，那尊显灵的铜观音也不知流向何方了。一听这话我就想，原来我和弟弟的学佛也和姥爷的善根有关，看来我们与佛宿世有缘。

等到大学毕业，我的佛学理论也有了一定的基础。显宗方面读了《华严》《法华》等几部大经。密宗方面，看了《大日经》《莲花生大师本生传》《金刚顶经》等。不看则已，看罢不得不为佛教讲述的哲理所折服。

虽然我学的是会计专业，但因姑姑是医生，所以我平日也多少看了一些医书，诸如《子午流注》《中医学》《解剖学》等。越对比越觉得佛教对人体的认识，远比现代或古代的西医、中医要深广细致。如佛陀早在二千多年前就已指出人在母胎中，每隔七天的发育过程（详见佛对阿难宣讲的《入胎经》）。而密宗对人体的解说，更有独到之处，从五气、七万两千条脉、七脉轮、红白菩提明点，到寂忿坛城、文武本尊与身心一体的理论体系，都是中西医从未触及的。

从小我就很喜欢数学，高等数学的难度是让很多人望而生畏的，而藏传佛教中的历算才真正让人叹为观止。《时轮金刚密续》根据日月围绕须弥山的运转，将任何时间内的器世界变化规律，甚至天上星辰的数量，都能准确无误地计算出来。特别是《时轮金刚密续》中，关于人体与天体相对应的人天时轮一体性的理论，将人和自然的全息关系讲述得通透无余。让人不得不信服密宗即生成佛的神秘性及宁玛巴大圆满的深奥性。

如此边干事业边闻思佛法，一晃又是几年过去。我清醒地意识到，该是找一位具德上师引导实修的时候了。也许是因缘和合，生起这个念头没多久，1997年，我就遇到了此生的第一位金刚上师——觉三上师。

觉三上师是湖北黄陂人，1910年出生，八岁皈依太虚大师，十三岁于维宽法师前出家。十八岁时，维宽法师观察因缘，又将他送往能海上师处学密。从此以后，觉三上师就作为海公上师的贴身侍者，随师入藏求法，六年后又随海公上师回汉地弘法利生。"文革"后隐其踪迹，悄然安住于一座小庙中。

年逾八旬的上师，每天凌晨三点半就起床，有时还要亲自敲钟，带领大家同修显密功课。觉三上师品行高尚，是国内公认的高僧大德。他对外物毫不贪执，不论谁供养他的营养品，他都要拿出来供众。每天早晨上殿前的一碗"智慧汤"，是四众弟子供养上师的，他也要给大家一人冲上一碗。他常说，我都这么一把年纪了，今天脱了鞋和袜，不知明天穿不穿，要这么多东西有啥用？

上师因人施教、应机调化。为打破我的傲慢心，他有很多次都有意不理我，对待我的那份神情似乎比对那只叫"黑子"的狗还不如。当时的心情不知有多难受，但我的无比傲气也就在这种"难受"中渐渐淡化直至消失了。

上师还教导我，要把自己永远放得低些。并讲述了他当年作为名声很大的大德，到别的寺庙去时，总是把当地寺庙的方丈摆在自己之上。如有供养他的财物，也全都留给寺庙的方丈及僧众。

上师的教导熄灭了我逞强好胜的习气，同时也让我体悟到上师的智慧。我在家娇养惯了，为了培养我能吃苦的品性，上师命令我必须亲自去挑水，而他就坐在外面看着我。当我生平第一次挑着水踉踉跄跄地爬上山坡，来到上师身边时，早已累得气喘吁吁、浑身打战了。这时，我看到平日对我不苟言笑的上师，竟笑得那样开心。今天回想起来，我能历尽艰辛到雪域求法，吃尽各种苦头而不退缩，实在是上师赐给我的最大财富。

上师那么大年纪，什么都可以放下，就是放不下对我们解脱成就的迫切希望。一想起他用颤抖的手拄着拐棍，蹒跚地从屋里走出来，看着我们念诵法本，看着我们磕长头，问我多久才能修完加行，嘱咐我要精进精进再精进，我的心里就十分感动。我不止一次地默默发愿：要精进修行，不负上师期望。

有时上师并不说话，只是静静地坐着。但只要看到上师那安详调柔的禅坐、祥和宁静的心境，自己烦乱的心就会立刻安静下来。上师的种种功德、行为都是我学习的榜样，无声地教育着我，并使我向他靠拢。

有一次，上师问到三峡工程的进展情况，我说我现在对这类事情毫不关心。他略带责备地对我说："你是不是中国人呢？有关大众利益的事你都不关心，那你还关心什么？"

我这才觉察到，学佛后自己对周围的事物越来越无情，这已是误入歧途了，哪里还谈得上菩提心呢？度化众生不仅仅靠讲经说法，身口意都是利生的工具，要想自利利他，内证功德是多么重要。

有了这次经历，我开始时时刻刻以上师为榜样，尽力去观想天下如母众生所受的苦。一日，我在房间里思考《上师供》的法义，渐渐地，第一次生起了为救度无边无际有情出离生死苦海而修行的心。当我思考良久走出房门时，却发现觉三上师早已站在那里，他显得特别高兴，手颤抖得很厉害。我问上师，手怎么这么抖？他只是慈爱地望着我。心的感应使我明白，上师已知道了我的全部心态。

当天吃中午饭时，上师非常高兴地对大家说，从现在起，人人都要发心利益众生，要你追我赶速证菩提，今天斋堂包饺子（平日里，如果不是喜庆的日子，寺庙里是很少包饺子的）。

正当我在上师的慈爱关怀下渐入菩提正道时，这位对我来说最重要的启蒙导师、真正的精神之父——觉三上师，却于

1999年2月1日零点四十五分圆寂了。

　　圆离说到这里时早已泪流满面，泪水如水晶珠子般滚落胸前。看她哽咽着说不下去，我便安慰道："别哭了，坚强些。觉三上师在法界中一定希望看到一个比以前更旷达、更能放下万缘的圆离。"

　　沉默了一会儿，圆离擦去泪水，又接着说了下去。

　　上师的圆寂，使我顿感人生的无常、佛法的难遇。虽然值遇上师，但密法才刚刚触及皮毛，离解脱还有十万八千里，上师就离开了我。我懊恼极了，整个人都沉沦于极端的痛苦之中。对上师的思念、对失去依怙的迷茫、对下一步修行的疑惑……一时间全都涌了上来。那段时间，我就像一个游魂野鬼，做任何事都心不在焉。想着上师一生饱尝了人生的苦楚，使我对这个尘世也渐渐生起了出离心。

　　怎么办？伤心迷茫之际，突然想到上师当年也是入藏才求到法的，我何不走与上师一样的路线呢？想到这，我的心重又生起了一线希望——我也要走上师当年入藏求法的路。

　　决心一定，我便在单位请了假，告别了双亲，和弟弟于1999年4月踏上了进藏之路。我们先到成都，又到康定，再到炉霍，又进理塘，然后折向白玉的亚青，直到最后来到喇荣五明佛学院。这期间我们受了多少苦和累，只有天上的星星和自己的心能知晓。在亚青，我吃遍了当地所有能吃的野菜。每当吃野菜的时候，脑海里便浮现出当年觉三上师"逼"我挑水的情景……

再苦再累，我甘愿承受，只愿能再次找到上师。而今，这一切在喇荣全部圆满了。1999年年底，我在佛学院做出了此生最重要的选择：出家修行。落发的那一瞬间，所有的往事涌上心头，我的泪水终于忍不住奔流而出。一个愿望越来越清晰地占据脑海：漂泊了那么久，终于有了归宿，我愿生生世世皈依法王，皈依三宝，精进修行，直至解脱。

刚出家那阵子，父母几乎天天催逼我回家。我没有丝毫动摇，更不想回头。觉三上师给我指了一条光明大道，而法王如意宝、佛学院的高僧大德们，正亲手领着我一路前行。这世上还有比在恩师的庇护下奔向自由和解脱更让人神往的事吗？

有时候真的很懊悔，自己怎么这么晚才开始学佛？善根福德怎么这么浅？看着很多藏族僧人十来岁就开始了闻思修行，心里由衷地羡慕。

不过没关系，如果来生再来人间，我一定要转生在佛法兴盛的藏地，从小出家，再也不为世间无意义的琐事而浪费暇满人身。

藏传佛教、汉传佛教史上的许多高僧大德，都是在从汉地到藏地，或者从藏地到印度的求法之旅中，圆满他们的学佛心愿的。这期间的风风雨雨、冷暖甘甜只有自己才能体味。

对圆离来说，也许有人会不理解她的艰苦寻觅，甚至会感到害怕而心生恐惧。但也有人会羡慕、随喜，甚至追随她的举动。

不管怎样，我希望更多的人能看一看米拉日巴尊者的传记。尊者苦行成道的故事，正是对"不经一番寒彻骨，怎得梅花扑鼻香"的完美注解。

绚丽的晚霞映着屋檐下盛开的桃花，

东京的晚钟正敲响《樱花谣》的旋律。

我蓦然回首——那无人的小径，

仿佛传来一阵轻微的木屐声。

心中悠然浮现出弘一大师的身影，

也许他当年曾在这条小径上驻步流连。

风华正茂、激浊扬清，

不知他可曾留意这旷远而清悠的乐音。

每一声，都是绝响

人都有自己的爱好，无论学不学佛。有人喜欢田园，有人喜欢花草，有人喜欢歌舞，有人喜欢文艺。而对音乐的迷恋，恐怕是许多人的共鸣。

佛教万千法门中，就有用金刚歌饶益众生的方便之道。用远离世俗贪欲的歌声，将很多人从无聊的沉迷中，引入光明胜境。

而原本就从事音乐领域研究的人，似乎也更容易接受佛法的胜义智慧。音乐的无自性，往往让他们顿悟缘起性空的教理。

毕业于上海音乐学院的圆沓，就是从音符中悟出了美妙的般若空性。她止息了世间五音，开始叩响灵魂深处的钟声。

从小喜爱文艺的我，因受家庭环境的影响，打幼儿时起便开始了漫长的音乐生涯。初拉小提琴，中弹古筝，后又研究音乐理论，直至在无常女神的歌声中，邂逅佛法。

被称为人类第二语言的音乐，以其巨大的魅力超越了国家、民族的界限，成为一种跨越时空的艺术形态。在这个娑婆世界中，几乎人人都对音乐有着不同程度的喜爱与执著。多年与音乐为伴，虽然最终未落入"音乐人"的网中，但时常也会傻傻地想：如果世上没有音乐，人们将怎样生活呢？

在上海音乐学院一待就是七年，中西音乐家们创作和研究的历史，时常触发我探究音乐本体、揭开音乐实相的念头，我计划毕业后考托福，到美国哈佛大学音乐系攻读音乐理论专业。

谁料不期而至的佛法闯入了我的生活。因缘的驱使，让我放弃原有的设计，来到这虹光萦绕、鲜花遍野的喇荣。在五瓣圣洁的莲花组成的闻思道场中，自己就像一只小蜜蜂，快乐而勤奋地吮吸着佛法的甘露琼浆。

上海音乐学院的七年，让我浑身上下的每一寸肌肤都渗透着音符的律动。而在喇荣圣地一住也是七年。这七年，佛法的甘霖一点一滴地融入自己的内心，并渐渐浸透每一个细胞，悄悄挤跑了曾经占据身心的世俗音乐世界。

偶尔在傍晚的夕阳下，看着天边翻滚飞动的壮丽晚霞，耳边隐约传来不知名的歌手在远山雪峰下高扬飘逸的歌唱，我的思绪便又拾起当年与师长同学们音歌声舞的记忆，不由得感慨万千、情难自抑。每当此时，关于音乐实相的问题就会悄然浮起。

音乐由音阶、调式、节奏等几大基本要素构成，再加上作曲家、演奏者、欣赏者的完美配合，便整合成一个生动的音乐世界。

音阶由七个基本音高组成：1、2、3、4、5、6、7，有"1"音才会有"2"音，有"2"音才会有"3"音，其他音高以此类推。反之，没有"3"音，"2"音和"1"音也就无法建立。它们之间相互配合又相互观待，任何一个独立而绝对的音高都是不存在的，每一个音高都必须有赖于别的音高才能得以确认。在这观待的基础上，基本音高间的升降变化，才会派生出美妙动人的音乐。

调式的确立也具有观待性。如D调中的"1"音在G调中是"5"音，而在固定音高中则成为"2"音。虽然是同一音位，它的名称却随着调式而改变。音乐学专家们也许会说，虽然音乐的名称不同、作用不同，但在听觉上仍有一个固定音高的概念。如钢琴键盘上小字一组中的a音是乐器演奏的定音标准，这难道不是稳定不变的吗？

让我们把探究更深入一步：音乐是时间的艺术，"a"音的频率为四百四十赫兹，也就是一秒钟振动四百四十次的信号，它是由不同时间段上不同的振幅积累而成。如果把时间段再细分到不能再分的刹那，这个不可分的刹那也是依观待而建立、无有实质的自性。既然刹那的时刻无有自性，那么在这个时刻上的振幅又如何安立？因此，所谓的标准音也只是存在于听觉思维中的一个假设概念而已，并非有个实有的本体存在。

至于音乐的灵魂——节奏，如果它有独立实有的本体，那么所有的音乐都应该是一种节奏、一种速度、一种情绪，那该多么令人乏味？事实上，正是相互观待的节奏关系，才使音乐呈现出千音百律。

从以上的分析可以得出，音乐的一切表现都需要以观待的程序来架构，无有观待、独立实有、恒常不变的音乐自性是不存在的。正是在这一点上，我体会出了"佛法不离世间觉"的伟大智慧，在跳动的音符中，流淌而出的正是佛法的妙音。

《杂阿含经》曾说："此有故彼有……此无故彼无。"这正准确地揭示了观待的真理。正因为观待，所以无自性；正因为无自性，所以本性为空。而般若空性恰恰就是佛法当中最有智慧的一道风景。

就在这无有自性的极为神奇的音乐空间里，古往今来的作曲家们却插上想象的翅膀，无中生有地谱写出一曲曲天籁之音。更进一步地考察作曲家、作品，及演奏者、欣赏者之间的关系，你会对音乐艺术的观待性有更清晰的认识。会认识到如果没有成千上万的因缘聚合，音乐根本不可能存在，也根本不可能传递到你的耳中。那时，你就会不得不叹服佛陀所揭示的"缘起性空"的道理。

音乐艺术必须观待欣赏者而存在，他们对作品的认知与评价，决定了该作品的流行与发展趋势。离开了欣赏者，作曲家的"儿子"、演奏者的"朋友"由谁来"看望"与"交流"呢？然而每位欣赏者的文化修养、心理素质、社会背景等又千差万别，这就使得他们在对待同一首作品的接纳上，表现出不同的审美倾向。这个时候，音乐的独立性、永恒性又表现在哪里呢？

同样，不同的演奏者在处理同一支乐曲时，也会根据对作品的理解，按照自己的情绪进行演绎。作曲家有可能阻止演奏者的这种主观发挥吗？

越是深入音乐世界，越会发现那个简简单单的事实——缘起无自性。佛陀在圆寂前曾谆谆告诫弟子们：一切事物都是因缘和合的，故而一切事物必定会消解。确实，透过音乐无自性的分析，我们可以逐步通达一切音响、一切声音本自无生的大空性，就像空谷回声。此时，你还会把它当成真实吗？还会对世间万物看不破、放不下吗？

明白了这无比稀有的缘起性空的真谛，我更能没有耽著地、轻松愉悦地去体悟音乐的美丽。

缘起的确不可思议。那年初春，逗留在东京的我，漫步在一条幽静的石街上。绚丽的晚霞映着屋檐下盛开的桃花，东京的晚钟正敲响《樱花谣》的旋律。我蓦然回首——那无人的小径，仿佛传来一阵轻微的木屐声。心中悠然浮现出弘一大师的身影，也许他当年曾在这条小径上驻步流连。风华正茂、激浊扬清，不知他可曾留意这旷远而清悠的乐音？

几年后，我终于踏着弘一大师的足迹，也跟他一样，于三十八岁时剃度。从此，我的音乐生涯降下了帷幕，又启开了新的生活篇章。

在佛法无尽的宝藏中，作为"淘金者"，我的心中充满收获的喜悦。多么想把这喜悦的甘露，奉献给我的老师以及分布在全世界各地的同学们。知道吗，我想念你们、感激你们，而唯一的回报，就是为你们奏出佛法的妙音。

小时候我就想周游世界，不是探奇览胜，而是寻找真理。不期然，我却在雪域高原找到了最后的归宿。记得泰戈尔说过："我曾寻遍全世界，却在家门口草叶的露珠上发现了整个宇宙。"

圆沓的经历让我最感慨的一点便是：有理想、有人格、有智慧、有道德、有前途的世间人，如果学佛，实在是对生命资质的尊重。

还有一些学佛人，已然体味了佛法的妙味，却抱着在家也能修成的"理想"。在家当然能修，但反观身边的人，有多少是在家修成的呢？就一般情况而言，在家人整天都有数不清、理不清的俗务，每时每刻都会陷入不得不做，做了又会违反戒律、教规的尴尬处境。

佛陀在经中曾多次宣说，对一个真正的人来说，除了修行，他应该别无所求。而最好的修行方式就是出家，最好的修行人一定来自出家人。

一个人已经得到了金子，

他还会再去捡破烂吗？

曾经沧海难为水

　　刚给汉族弟子们传讲完《君规教言论》，圆央就找到了我。这次不像往常那样来向我提问，而是想分享他三十多年来对人生的感悟，特别是学佛前后的体会。

　　他住的地方就在我住房的旁边。朝来暮去，他那张平和而略显清瘦的脸常常在我眼前晃动。

　　很少看到他有"激扬文字"的年少轻狂。通常他会静静地坐在经堂里，有时则文雅地抿着嘴，听着别人辩经，有了问题就来问我。一来二去，我对他的了解也就多了起来。

圆央有一个在常人看来非常值得称羡的家庭：外公是高级干部，父母也都是高级知识分子，哥姐全都是留学美国的博士。特别是哥哥回国后，在北京创建了国内非常成功的一家中文网站，由此成为这个时代浪尖上的风云人物。

他就是在这样的家庭背景下出家求道的，这使他在望子成龙的父母眼中，多少成了一个不和谐的音符。

不过，我却因此更喜欢这个年轻人了。假使他待在世间奋斗一番，充其量不过是千千万万个奋斗者中的一员。风云变幻之后，这世间也许就少了一位从容静观云卷云舒的清醒者。

无数人在无数世的时空里，已经演绎、正在演绎、还要演绎无数个大同小异的故事。"顷刻一声锣鼓歇，不知何处是家乡。"既然百年浑是戏文场，为何不能允许圆央，乃至更多的圆央们放下纷纭虚幻的戏梦人生，去寻找一条通达真理的光明之路？

我相信圆央会找到，一如我相信他的品性，相信在他看似平凡的身躯背后，深藏着一个睿智的灵魂。

有一幅画面，在记忆中是那么深刻：多雨之季的喇荣，汉经堂的门前，圆央正趴在水沟边掏堵塞的泥浆，脸上是一如既往的平和……

　　每当我站在都市的街头，看着东奔西走的人流，就会为自己感到庆幸：庆幸没有落入他们当中，整日忙碌于世间琐事，而无暇思考生命的意义。

　　在今日的社会里，人们崇尚科技文明，追求物质享受，而对中华民族的血脉——释、道、儒的内涵已渐渐淡忘，甚至还有人曲解诽谤，这真令人遗憾。作为在新时代受过高等教育的我，又是如何放弃世间的奋斗与追求，重新认定自己的人生目标，转而趋向佛法的呢？

提起佛教，不少人认为那只是一种劝人行善的说教而已，只有在社会上落魄潦倒的人才会出于无奈而将之作为避风港。对这种看法，我无法苟同。在自己的感受中，我觉得实践佛法才是最现实、最真实的。反倒是世间的人们，由于受到种种观念、外境的影响，淹没了内心的觉性。他们在飘忽不定的分别念中虚度时光，从未想过向内追寻心性的光明本性，这实在令人惋惜。

我出家的时候，周围的人大都不理解，他们嘴上不说，心里却想："这个人有这么好的家庭条件、美好的发展前途，却偏偏要去当和尚，恐怕是有问题吧。"每当我忆及他们的这种看法，被人误解的悲哀总是掠过心头。当一个人内在的觉悟显发的时候，当他去追寻更完美的人生的时候，怎么能说他有问题呢？

回首往事，我觉得自己走上这条路是顺理成章的。出生于传统知识分子家庭的我，从小就被父母告知要靠自己的拼搏奋斗去创造美好的生活。我的家庭有一种浓厚的积极向上的氛围，我也像很多年轻人一样，斗志昂扬，充满奋斗精神，想象着自己也应走大哥开辟的道路，成就一番事业。

在母亲的鼓励下，从十五岁至二十二岁这七年间，我几乎都在书桌旁度过，竭尽心力地学习文化课程。在西安西北大学物理系学习的几年中，我基本上泡在图书馆和教室里。当时，我觉得自己的生活充满了阳光，我的奋斗目标一定会实现，有时甚至会情不自禁地引吭高歌一番……

每个人的心境确实不同。若换作一个人生活在我的环境，他或许会很自然地按这个路线走下去——大学毕业后出国深造、开办公司、开创事业，他或许会很满足于这种生命流程。但对我而言，即使是在最繁忙的日子里，我的内心深处也隐隐地有另一种追求。特别是到大四时，我开始反思，多年来一直努力拼搏，但为什么始终没有一种真正的成就感？费了那么大的心力去学习知识，内心不仅得不到安详明净，反而更加纷扰杂乱、无所适从，难道生活就是建立在念书、写字、算题上面？难道人生就要在这种公式化的程序中度过？什么样的生活才能让自己的心真正回到无忧无虑的状态，不为烦恼所缚，不为名利所驱？

也就是在这个时候，我开始接触了佛教。

第一次去西安卧龙寺拜见禅门大德智真长老的情景是刻骨铭心的。一进寺院，看到那雕梁画栋的门庭、相好庄严的佛像、令人向往的禅堂，内心顿感亲切清凉。特别是师父端坐在那里，堂堂正正、一尘不染的样子，一下子就吸引住了我。师父说："大街上的人大多醉生梦死，你懂吗？回去看《大佛顶首楞严经》，把它背下来，自己参参看……"

当我郑重地打开《楞严经》时，心里既欢喜又恭敬。原来世间还有佛法这么一个广阔天地，我以前怎么就不知道呢？佛经中说，众生愚迷向外驰求，舍却自家心性宝藏，妄受轮转。这不就是在说我吗？这么多年来，我一直为父母的希望而活，为社会的标准而活，为别人的评价而活，就是从来没想过自己真正需要什么，没想过自己的心应安住在什么地方。不能再这样混沌下去了，我要皈依三宝，学习佛陀的智慧。

从那以后我就常去卧龙寺，静静地坐在师父身旁，听师父用那如洪钟般的声音开示佛法真谛。渐渐地，我的内心也明朗起来，觉得应将佛法作为自己生命的主流，心思不应局限在世间的区区小利、小我上，而应放开胸怀去了悟真实的自心，实践自觉觉他的理想。后来，我就瞒着父母放弃了托福考试，并最终走上了出家之路。

转眼间，出家已近八年。时间愈久，信仰弥坚。我觉得既然人生最宝贵的就是生命，那么将有限的生命投入到菩提觉道上才是最有意义的。

记得一位熟人曾对我说过："你常年在深山古寺中伴随着青灯黄卷，能耐得住寂寞吗？你的哥哥姐姐在社会上的发展都很成功，他们才算实现了自己的人生价值，最现实、最实际。你整天在那些空洞的理论中打转，不是活得太虚无了吗？"

对于这样的提问，我要说的话很多，但最想说的是：且不管佛陀怎么说，也不用考虑世间哲理，让我们静下心来观察一下自己。现实中，我们都希望远离烦恼、获得安乐，人之常情，千古如是。世间也确实有不少的快乐，但我们不应仅仅停留在这种快乐的表面上，而应该冷静地观察快乐的本质，这样就会发现，所谓的快乐背后隐含着许多隐患：变异、脆弱、不实有。

刚才还很快乐，马上就会变成痛苦，有谁能让它长久地驻留？快乐是造作无常性的，它的本性并不快乐，倒是坚固难化的痛苦占据了人生的大部分。更何况死亡并非痛苦的终结，人死并非如灯灭，心识之流会随业力表现于来生。若我们今生的行为对自己不负责任，来生必定会感受与之相应的苦报。所以，世间的快乐是暂时的、不可靠的，其本性是苦，不应当将宝贵的人生建立在对它的追求上。

当我们的心远离了一切贪求、嗔恨、愚痴，我们就不会为小乐所拘，反而会柳暗花明般进入一种博大恢宏的光明天地，获得真实究竟的无上大乐。所以舍弃世间暂时的蝇头小利，去体悟、实证圆满的佛果，能说不是更现实、更贴切的吗？真正以佛法御心的人，所获得的那份寂静安宁、喜悦善妙的境界，又有几个被世俗所累的灵魂能够品味？

全身每一个细胞都浸淫着贪执、流淌着欲望的现代人，往往不熄妄心，只知向外驰求。而外境无边，所知无边，所求亦无边，如此下去，永远不会有满足的时候。但如果我们回心向内，熄灭一切贪执，内心的清净光明就会显现，人才能真正成为万法的主人，而不是外物的奴隶；才能成为精神的自主者，而不是异化的拜物教徒。

实际上，佛陀所宣示的道理是真实无谬的，却往往被人们忽略。太热衷于向外追求的现代人，只知满足眼耳鼻舌身意六根的贪著，不去观察现象界的本面，不去探寻万事万物的本质根源。如此，又怎能从根本上把握人生，创造自己的美好前程？

了知此理，我更愿在佛法上精进求索了。《华严经》云："譬如热时焰，世见谓为水。水实无所有，智者不应求。"智者了知世法如梦如幻，如影如焰，如水中月，如谷响声，因而弃之如敝屣，难道我还要对之孜孜以求吗？

或许踏着哥姐的肩膀，我可以走出一条舒适安逸的成功之路，但是，"曾经沧海难为水，除却巫山不是云"。一个人已经得到了金子，他还会再去捡破烂吗？

等圆央谈完的时候，天空中又细雨霏霏了。不用说，等一会儿他肯定又会去疏通排水沟了。没人要求他这样做，他会默默地做，就像没人逼他出家，他自己选择了这条路一样——这是本性使然。

此时我又想起了一副对子：

劝君为善日无钱，有也无；祸到临头拥万千，无也有。
若要与君谈善事，去也忙；一朝命尽丧黄泉，忙也去。

圆央选择了让心回复到本来清净状态的道路。我想，面对未来的人生之路，他一定会越走越从容。而当大多数心随境转的众生真的走到黄泉路上时，恐怕就不会那么自在了。

人生一世，当好自为之。

是要这一世的你恩我爱，

还是生生世世赤条条来去无牵挂的自在？

在两条路上，与你同行

藏地，在无数高僧大德的加持下，从古到今都是一块吸纳知识精英的宝地。来自世界各地的人们纷至沓来，流连忘返。

就我所了解的情况，已有数不清的知识分子在这里得到了解脱身心的妙法。他们唱出无尽感恩的赞颂诗篇，也谱写出富有传奇色彩的生命新章。就像此处的主人公圆谛。

圆谛是2000年《定解宝灯论》考试中，全院汉僧的第一名，平时就给人一种清净、严谨、自律的印象。总能看见他在一个无人的角落默默专注地看书，或者以本尊心咒反观自性。

　　某天，在迷蒙细雨中，我和圆谛站在汉经堂的屋檐下，进行了一次难得的交流，听他说起一段化世情为法缘的稀有故事：在人们无法理解的眼光中，一对幸福美满的夫妻双双出家，选择在菩提道上并肩前行。

　　我于1969年出生在四川南充县（今南充市）的一个小山沟里。那时，父亲远在湖南工作，日日干着繁重的体力活，还要省吃俭用，每月将自己用血汗挣来的二十元工资大半寄回。母亲则是位勤劳善良的农村妇女，一人在家苦苦支撑，精心养育我们姐弟三人。

　　在我很小时，全家便搬到湖南，不久又迁往天津。因为那时只有父亲一人是城市户口，故而家境仍是举步维艰。为了补贴家用，母亲起早贪黑去郊外割草，中午以凉水当饭，傍晚时分便担着两大捆沉甸甸的芦苇去卖钱……印象当中未曾有过吃香喝辣的记忆，偶有"牙祭"，父母便全都留给我们姐弟吃。年少不更事的我们却不知父母的辛酸处，狼吞虎咽的同时，反觉得生活无忧无虑。

　　为了我们将来能有个城市户口，过上不愁衣食的城里人生活，父亲放弃了在内地直辖市的发展，带着我们奔赴遥远而艰苦的新疆，以此换来全家人的城市通行证。

　　地处西北边陲的新疆，是块人烟稀少的地方。每当狂风大作、飞沙走石的时节，你连路也寻觅不得。唯一带给人欣喜的便是下雪的冬季——天山上下、昆仑南北，到处是一片银白纯洁的世界。对我们来说，冰雪世界就仿佛童话世界一般，美丽而"冻人"。

可能是因为父母没文化的缘故，他们对子女的学习非常重视，总是谆谆教导我们要听老师的话，要好好学习，只有这样才能有出息，长大了也才能找个好工作，否则只能跟他们一样受苦一辈子。

我总觉得父母的话听起来好似境界不高，但确实道出了生活的实情。在这样的鞭策下，我抱着"笨鸟先飞"的态度猛学猛攻，最终总算考上了河北化工学院的机械系。拿到录取通知书的时候，"功不唐捐"四个字蓦地闯入脑海。

四年大学期间，父母节衣缩食省下血汗钱供我花费。每当看到他们寄来的张张汇款单，我都忍不住要心酸好长一段时间。该怎么报答他们的厚爱？为了儿子的明天，他们的黑发过早地染上了霜花，腰身也疲倦得不再挺拔。真是可怜天下父母心。

记得在上大三的时候，我碰到了一位毕业于清华大学的老师，他的出现在不经意间彻底改变了我的生活轨迹。他是学佛的，且特别钟爱禅宗，又年轻有为、聪明能干。也许是机缘相投吧，我很喜欢到他宿舍去玩，他便也常常给我讲一些做人的道理，从修身、齐家开始聊起，聊着聊着我就渐渐被他引向了佛陀的教言。

他所讲的如何培养贤良人格的话，给我留下了深刻印象。但对他所阐述的佛法道理，我却觉得有些陌生。从小到大的教育灌输已使我很难把佛法与科学、理性挂上钩，留在印象当中的佛法大义，最多也就是电影《少林寺》中的武僧生活。而一想到出家当和尚，我就马上联想到禁欲，心中不免就嘀咕：我还要找个漂亮的女朋友去过我的幸福生活哩。

就这样度过了四年的大学时光，毕业时被分配回新疆的一个设计院工作。第二年我又被评为助理工程师，生活应该说已开始走上正轨了。那时工资收入很高，同事之间相处也融洽。父母看到我的情况甚感欣慰，于是又张罗起给我成家的事来。

不久我就与当地一位心地善良、贤惠的女子结婚了。婚后的生活很平静，在和睦的相处中，我们一天天安安稳稳地过着日子。

说起妻子与佛法的因缘，也颇耐人寻味。她在上黑龙江商学院时，曾有一位同学在大学毕业前夕突然放弃毕业分配而选择了出家为僧。当时全校哗然、议论纷纷。学院领导还专门到寺院找过他，希望他"痛改前非"。在全系大会上，领导还以他为典型，告诫大家千万别像他那样走上一条灰色的人生之路。

当几乎所有的同学、老师都在替那位同学感到可惜，认为他太傻、太怪时，妻子却在思考这样一些问题：为什么佛法会有如此巨大的力量，让这位同学甘愿舍弃美好的前程毅然出家呢？既然每一个人都不会拿自己的前途当儿戏，那他的这种选择背后又有什么样的深层道理呢？

我们就这样以各自的缘分接触到佛法的一些皮毛。走上工作岗位、成家立业之后，随着生活经验的积累，我们对人生百味的体验也日渐增多起来，佛法的影响与对社会的洞见，开始在心里潜滋暗长。

经常能见到一些老工程师，原先兢兢业业于本职工作，等退休以后，除了少数人有机会继续发挥余热外，大多赋闲在家、无所事事。除了看电视、打门球，剩下的生活内容便是静等身体一天天衰老直至死亡。

这样的人生有什么意义呢？尽管我和妻子也不过是普通的知识分子，但面对前辈的这种生活状态，原先对工作和生活的热望在现实面前也开始冷却下来。我们并非有"老骥伏枥，志在千里"的壮志，也非抱有"烈士暮年，壮心不已"的豪情，但最简单的一个问题还是会常常逼迫我们反思：我们的明天该如何度过？

不甘沉沦？那就得重新酝酿未来的蓝图。

经过一番努力后，我们终于有机会随着一位朋友的引领，共同奔赴位于雪域高原的喇荣五明佛学院。到达的时候正好赶上法王如意宝于1995年首次主持的"十万持明大法会"，当时的景观真可谓盛况空前：嘹亮的法号响彻天宇；激越的法鼓撼人心魄；十万僧俗齐诵的金刚咒语气壮山河……我们每天都被这壮观的场面感染着，每天都沉浸在喜悦与收获之中。

法王如意宝慈悲安详的目光、出家僧众友好朴实的神态与庄严静美的仪表，使我们倍感亲切、肃然起敬。对于佛法所知不多的我们，来到这里就像来到了一个兄弟姐妹和睦团结的大家庭，一点也不感到陌生与孤单。这不正是我们一直都在寻找的精神家园吗？

雪山将哈达映照得洁白而美丽，僧众红色的僧衣也似火如霞。置身其中，让人倍感温暖，心中也有了依托和希望。我们自然对佛、法、僧生起了从未有过的信心，并一同皈依了上师三宝。

入得门来，才渐渐感受到佛法的奥妙。于是对传法圣地的眷恋，便成了我们归乡之后的情结。就像是受到一种看不见的磁场感召，我们一次次地踏上了赴佛学院求法的旅途。

一边感受高原温暖的阳光，一边品味佛法的妙雨甘露，在这里待得越久，越是不愿离开。此时的我对以往的人生真真切切有了一种后悔不已的感觉，为何从前会离佛法如此遥远？如果能早一天遇到上师，早一天用理性的态度对待佛法，那我现在的进步一定会让自己都感到震惊。

每次短暂的停留，都无法满足我们对佛法的渴求。经过一番努力后，我和妻子先后离开了工作岗位、离开了家园，决定长住于此，以便能日日聆听上师们传讲的佛法妙理。

排除一切杂念与干扰后，在这一住就是好几年。虽说也精勤不懈，但我们越学越觉得自己的渺小与无知，越学越觉得佛经论典的慧海深不可测。

印象最深的，便是佛陀揭示给我们的生死真相。人们往往都认为"人死如灯灭"，其实生命的运动状态就像接力赛一样，一期生命连接下一期生命，而接力棒就是善业与恶业。受它的牵引，我们被永无休止地投入一种生命形态到另一种生命形态的循环之中。

世间接力赛还有一个目标与终点，而业力的接力赛如果没有佛法明灯的指引，将在六道中轮转不息。人们的愚昧与可怜之处便在于，大多数人都认定这业力的接力棒并不存在。不过我倒是想反问这些人一句，假如没有这看不见的业力牵引，那我们的所有行为，这么奔波过来，那么劳碌过去，又是以什么为目标？有多少人能清晰地看见自己的前途，并理智地主宰命运？既然根本无力主宰命运，那又有什么理由否定自己是被业力牵引而趋入盲目的命运跑道？

人们都被眼前或梦想中的那些可怜的安乐蒙住了双眼。就像鸦片，只尝了一点点，便能上瘾，且使人意识不到自己是在吸毒。所有人生中暂时的安乐都是无常的，如三更梦、瓦上霜，终究会消散得无影无踪。佛陀以慧眼亲见轮回中的种种痛苦，悲悯迷惑重重的众生，以智慧宣说了八万四千法门，目的就是让不同根基的众生依不同的方便，共同走上脱离轮回的路。

生死轮回，轮回生死，没有闻思佛法的人，不具备真知灼见的人，有谁能看清甚至想象到生死的事实与场面？在《释量论》中，法称论师曾说过："心无观待其他因，成立前际无穷尽，因已具足且无碍，成立后际无穷尽。"简单地分析一下，因为不同的人看同一个物体会有不同的感受，故心不应从外境产生。若无缘无故就能产生心，则思想家应成愚夫，愚夫应成思想家。

那么心到底产生于何处呢？显现上来看，只能是从前一刹那心而来。如此逆推，则应无法找到心的前前根源、最终根源。所以生命的轮回就像昨天、今天、明天那样，从未停止，相续不断。明白了这一点，只要能认真努力地修持佛法，把握今生、创造未来就不会是纸上谈兵。

正当我们在佛法的天地中纵横驰骋时，却因远离故土多年而遇到了来自家庭方面的不解。记得1999年，当我再次准备到佛学院求法时，母亲却用无言的落泪向我表白了她的痛心。

我很难向父母做过多的解释，虽然从自身的经历中，我深深体会到"谁言寸草心，报得三春晖"的与父母难舍难分的情感。但父母却始终认为，我离开他们便是忘恩，便是淡忘和舍弃，这又让我如何向他们解释呢？在父母眼中，乃至很多人眼中，学佛之人是不太讲究世故人情的，他们抛下父母家庭，不知为什么要过一种离群独居的生活，这岂不是不尽人伦孝道、不顾社会发展？

要想破除这种偏见，只有人人都深入佛法，而这一点又是多么不现实，因此遗憾、伤心在所难免。其实佛法的核心思想便是发大乘菩提心，爱众生如父母，使他们都能离苦得乐。千万别以为学佛之人没有真感情，从佛陀到法王如意宝，再看看许多高僧大德，我们就可以知道，他们不是不懂人间真爱，而是将私情私爱升华为道情法爱，升华为一种更深、更广、更纯、更究竟的对所有众生的慈悲。

正如明朝莲池大师所说："亲得离尘垢，子道方成就。"上师法王如意宝亦是如此悲悯众生如独子："若一众生未得度，我佛终宵有泪痕。"这是怎样深挚的情怀，这是何等伟大的胸襟？

每每想到父母对我的恩德，我就感到必须要用最好的方式去报答他们。记得小时候，每当我生病，妈妈总要背着我去打针，风雨无阻。如果我不学佛，可能会用床前尽孝的方式伺候他们一辈子，但不知则已，知则当效。一生辛劳的父母均已退休，晚年生活也很安逸，而我不能仅仅使父母身体得到安养，还要让他们现世与后世都能得到精神上的快乐，并力争永脱轮回之基。

当然，每个人的因缘、能力不同，报答父母之恩的方式也会多种多样。对我而言，当我看到父母的眼泪，看到他们对我表现出的眷恋后，一个念头便越来越强烈地闯入脑海：我应该出家修行。

学佛越久，我越发感到：舍不掉娑婆，实在难生极乐。对我个人而言，既已多少知道了一些真相，就更应该少一些对世俗的贪恋，如果还儿女情长，岂不是辜负了佛陀的教言？自己的学佛不也成了口头空谈？暂时的舍离妻儿老小，肯定心中会有种种波澜，但一想到世俗之情是业力接力棒最牢固的黏合剂，摆脱这令人困恼不堪的俗世的强烈愿望就让我不得不铁下心来。

是要这一世的你恩我爱，还是生生世世赤条条来去无牵挂的自在？

而且对我而言，出家还有一个比较有力的助缘，那就是妻子的想法也早与我不谋而合。在家庭生活中，我们互相帮助；学佛过程中，我们又比学赶帮。为了不影响闻思修行，我们早已商量好了不要子女，以免分心。她平日贤惠勤劳，对体质较差的我多方照顾、操持家务，付出的实在太多太多。人生短暂，诚愿她出家之后能精勤闻思，早获解脱。我无以回报她对我的帮助，只有在心里默默祝福。

至于父母，我会用出家修法的功德回向给他们，并日日祈盼他们也能早闻佛法、早入佛道。我想对他们最好的报答，便是自己力争早日解脱。否则，按世俗法门报效，恐怕自己下一辈子沦落在哪一道都不自知，那时还认识今世的父母是谁吗？

一世与万世相较，我还是选择能生生世世利益他们的方法吧。

记得当我和妻子最后一次以世俗人的身份共同迈出家门时，相视一望，我们都感慨万千。是的，就要与世俗生活告别了。没有什么留恋之处，只是因父母暂时的不理解而有几许遗憾。

那就带着遗憾向雪域、向佛学院、向心的归宿地进发吧，因为我们原本就是在缺憾中追求圆满的。

在雨中，我无法用纸和笔记录下圆谛的言谈，只能用心把它们都刻在脑子里，等回家后才得以用记忆的钥匙再次开启。

记得当圆谛停止了他的叙述后，刚好天也放晴了。灰蒙蒙的天空一下子变得透亮、湛蓝。乌云全部散去，只剩下丝丝白云在天际飘荡。沐浴后的草地上有晶莹的雨滴闪烁，翠色更是直逼人眼。正当我们准备各自回家时，从南山的山顶到西山的山腰，蓦地出现一道彩虹。

我们即将迈开的步伐，不由自主地又停了下来……

> 若物为第一性，唯有一物，心住何处？
>
> 若心为第一性，唯有一心，物从何生？
>
> 掩卷深思，如梦初醒，欢喜踊跃，如获至宝。

心住何处？物从何生？

如果佛法能融入内心，我相信人人都会有一个根本性的变化。越深入佛法，依教行持，你的身心便越能更快地离苦得乐。这一点，圆因有很深的体会。

他先后读了一千多遍《楞严经》，再也不复当年沉溺于世俗贪恋的风流少年。用圆因自己的话讲，是佛法让他终于看见了真理的明月，照得他的心境无比清凉、透亮。

我是一个追求快乐的人。上中学时成绩不错，同时又酷爱体育，以洒脱不羁而闻名全校。课余闲暇时，常常驰骋在绿茵场上或畅游于蓝天碧水间。填报高考志愿时，我又选择了当时很热门的专业——旅游经济学。这样我便从寒冷的冰城哈尔滨来到了温暖的古都西安，进入了历史悠久的高等学府——西北大学。

著名的历史学家侯外庐曾担任过西大校长，历届学子中不乏中外名流。校园里花团锦簇、绿树成行，掩映其中的那座豪华图书馆很快就成了我的最爱。我几乎每天都要去那里，饱览知识风光。从国内外最新的科学突破到古老的《周易》、《论语》，从历史、哲学到现代社会的各种问题，探究人生真谛、追求长久安乐的热流，在我阅读这些智慧结晶时悄然涌动。

好时光总是过得很快。眨眼间我就大学毕业了，分配到黑龙江一家国家一类涉外旅游总公司。在整天飞来飞去地穿梭于各大名胜古迹中时，心中那份对真理的渴求仍旧若隐若现。

1992年仲春的一天，我信步闲逛到极乐寺，一进山门就顿感身心豁然开朗，红墙金瓦辉映，梵音花香交彻，景致真是不错。我像一个孩童突然闯进了陌生的世界，充满了好奇与欣喜。来到流通处，上百种经书让我大感惊奇，真没想到，佛教还有这么多的教材、这么丰富的学问，一种对陌生领域的求知欲勃然生起。

我一眼就看中了一本金黄封皮的《大佛顶首楞严经》，以前也听人讲过"成佛的法华，开悟的楞严"，便毫不犹豫地请了回去。兴冲冲地赶回家后迫不及待地读了起来，一口气读完时已是下半夜了。

掩卷深思，如梦初醒，欢喜踊跃，如获至宝。反观大学时代的所学所思，种种疑窦顿然冰释。整部《楞严经》所观察的就是人类的起源、宇宙的真相。纵观古今中外，与其说科学家、哲学家找到了世间真理，不如说他们只是暂时解决了一点表层的问题，或者说只是提出了疑问。从地心说到日心说再到相对论，你就能了知不断发展变化的科学只是对时空真相的相对接近。

划时代的科学巨人牛顿，晚年放弃了对科学的研究而去探寻神灵的来源；物理学家帕斯卡面对茫茫太空常常发出究竟人在何处、人往何处去的慨叹。这都是人类了知宇宙人生究竟答案的本能，在牛顿、帕斯卡这样的科学精英身上的集中体现。当代最伟大的科学巨人爱因斯坦也理智地指出：科学并不是万能的。我想，要是人们都能像爱因斯坦那样理智、坦诚，就一定会有发现真理的机会。

哲学家推究宇宙人生的起源、本性，不外唯心与唯物两种理论框架。"不改为性""唯一是唯"。若物为第一性，唯有一物，心住何处？若心为第一性，唯有一心，物从何生？

而佛教不这样认为。假立的名言量中，心、物皆存在。而在胜义谛中，既不说唯物也不说唯心，而说心物不二。既是不二，心、物当然就没有固定、恒常、不变的自性，而是如水中花一般无实而分明的显现。

再比如"观察"这一行为本身。科学很重视观察，但它在研究观察对象的同时，却忽略了观察者本人。这使我想起了一则很有趣的新闻报道：美国一位华裔科学家研制出一台智能机器人，在把历代象棋大师的棋谱输入后，就开始向苏联一位国际象棋大师挑战。当棋下到一半时，苏联大师已有点招架不住了，只见这位大师沉吟良久后，突然下出一步令人不解、完全违背棋理的败着，但歪打正着，机器人不知如何应对就干脆失灵了。

的确，机器纵有千万亿种功能，但它终究是被动的、固化的、有限的。而人的心智却是主动的、灵明的、无限的。一旦人的心智出了问题，那么无论怎样观察，也摆脱不了片面性、错误性，就像戴了有色眼镜看世界，怎么也不能还原本来色彩一样。

而佛教则无此偏执，它既注重观察现实，又注重观察者本身，观察对象与观察者平等不二、辩证统一。因此，佛教在平等对待能观者和所观境的基础上，首先观察能观者本身：能观的心智明了一切，而这个能明白一切的心，又是什么东西？它住在何处？什么颜色？什么形状？这就是《大佛顶首楞严经》带给我的最直接、最有力的震撼。

我如是周遍观察后才豁然发现，从前一直感觉在事物现象之外有个独立的能知的我，而这其实根本就不存在。虽然了了分明的作用是如此明显，但它的"体"你是绝对摸不着的。所以能知的心与所知的事物并不是截然分割、各自独立、有质碍的两个存在，而是毫无自性，犹如影像的幻用而已。

当我站在高山之巅放眼望去时，清澈的阳光圆明普照，蓝天、白云、绿草、河流，如明镜净影朗朗现于心水之中。远望那小路上的一点人影，我不禁哑然失笑，以往固执于这小小黑影能遍见大千世界，这是多么离谱的妄执。多亏《楞严经》的指引，我终于看见了真理的明月，这清净的月光竟是这么直接、透亮、平等无碍地普照森罗万象。

从此以后，我就将《楞严经》放在手头、枕边，有空就从它那儿汲取力量，这样，前前后后大约将《楞严经》看了有一千余遍。越看我的内心越透彻明白，信念也越坚定。我毅然决定：要将此生奉献给真理和众生，用全部的身心去实践佛陀的伟大智慧。

曾为浪子偏怜客。我对知识分子在探索人生真谛的道路上所出现的疑惑、迷惘深为理解，同时也对知识分子由于习惯性地曲解佛教，而错失得到人生究竟答案的机会深感惋惜。很想帮助所有追求真理的人们，使其从对佛教的误解中走出来。

我们的心似水，虽然清净本明、明现一切，但若被偏见的狂风拂过，则会浑浊波动，致使影像扭曲。我以前也曾以科学者自居，没有经过如实周遍的观察，便断定六道轮回是妄说，只因自己未曾亲见。现在我不禁自问：是否因为现在见不到明天，就因此否定明天的太阳会升起呢？我深深地为以前的夜郎自大、信口开河而感到脸红惭愧。

一位哲人说："自由是认识了的必然。"在他看来，自由只是一个尚未实现的理想，而佛陀却已完全认识了真理，并因而得到了自由。对一个真正拥有自由的人来说，所谓的神奇、神通岂不是如穿衣吃饭一般自然？

现在科学家们已认识到了十一维空间，这其实就是在为佛经中的大小相容的无碍境界做注解。比如，在三维立体空间中有一个人，将他投影在二维平面上，二维空间中的人无法推知此投影的大小来去，就会感到不可思议。同样，在三维空间中人们认为遮障重重的墙壁，在四维空间里都可以无碍通过。因此维数越高的空间，越显得通透而不可思议。佛陀是现见了一切时空的人，其神通变化当然也就无量无边。

佛经中把心物不二描写为不可思议的空性，有些人便将此误解为不可知论，或像被丢入茫茫太空、荒凉沙漠一般的一无所有。这些都是由于人们对自心、万物的过分实执而产生的偏见。

其实佛经中所谓的"空"，不是逃离万象后进入的虚空；不是根本不存在的断灭；也不是先有后无的生灭之灭。因为人们过于偏执恒常的"有"，佛陀才用"空"这个词去破除人们对"有"的偏执，而不是让大家另外去执著有个"空"。这些名言概念都无法真实描述一切现象不二一如的本体，只有当有、无的概念完全断尽时，万法一如的本性才会明现目前。

在日本、德国的高级科学实验中，人们看到，真空容器中的两个电子爆炸后，仅剩一片真空，电子了不可得，但在真空中又会突然发生电子爆炸。因而，当今许多伟大的科学家也开始否认恒常独立的物质存在，承认一切现象都是不可分割、无碍统一的整体，这就为人们进一步信解佛法的第一义"空"打开了一个突破口。

当然，也不能把佛法的般若空性误解为容器中的真空，或者如场、黑洞等新的科学概念，那些也仅仅是虚幻的现象，而不是一切现象不二一如的本性。空性和现象是本体和作用的关系，它们不是先后成立而是不可割裂的。全体为用，正在起作用时，全用即体，就如全水起波、全波即水。

要通达空有双运的究竟密意，就应当依止精通佛法、具有大智慧大慈悲的导师，系统深入地研思佛教的经论。由此，我渐渐生出了离开尘世出家修行的决心。既已看透了毫无实义可言的若梦浮生，在如幻的显现中，又有什么东西能比抓住生命的本质更让人值得为之奋斗呢？打定了主意，我便开始寻觅起能让我真正闻思正法的道场来。真是苍天不负有心人，最终，我非常幸运地在法王如意宝座下成了一名出家弟子。

听闻了法王所传讲的各种经论后，我从内心感到这位弘法事业遍布全球、万类齐收、平等普度的上师真是再世佛陀。法王的教法都是从大圆满的觉性中现量任运流露，师承法流极为清净。他针对佛家所云的末法时代人心不古、情执深重、僧才凋零、佛法衰微的现状，悲愿无尽、观机设教，教导弟子以贤善的人格为学佛基础；以显宗的戒律为护持佛法的根本；以闻思中观为增长信解的主要途径；以严持三昧耶戒为成就密法的保障；以至极了义的大圆满见为即生成就的秘诀；最后又以普贤十大愿王摄受引导一切有缘众生同生西方。这样的导师就算是仅闻其名，也必将获得无量护佑。

　　所以我真诚希望：所有有缘者都能得遇智悲具足的明师，得遇究竟了义的正法，获得究竟永恒的大乐，并最终品味到清净真理的法乳。

　　愿我们都能直趋涅槃，同登极乐莲邦。

　　我相信圆因的思想与行为会给人们带来很大的收益与信心，他对《楞严经》的理性思索，也许能够打消一些人对佛法的疑惑与偏见。

　　不过我也听说，在圆因出家后的八年间，他大学时的女朋友对他仍一往情深地等待、执著。但我相信，这些都不会动摇圆因出家的信心，八年修行，应该让圆因已增长了不少对治烦恼的智慧。

　　真希望圆因能如当年的弘一大师那样，以各种方便法门度化他的在家眷属；更祝愿圆因能以迦叶尊者为榜样，终生持戒精进，毫不沾染世间爱欲，为释迦牟尼佛的正法久住做出自己的一份贡献。

> 叔本华说，一个希望的消失就是另一个希望的诞生。
>
> 人生就像上紧发条的闹钟，当发条力尽时，
>
> 一生便也终止。
>
> 这样的一生有什么意义呢？生活贫困固然痛苦，
>
> 摆脱了贫困照样痛苦。

活着，不是重点

对于圆底的经历，我自己都感慨不已。

这个出生在华北平原农民家庭的孩子，一直梦想着摆脱贫穷和闭塞的农村，过上城市生活。后来他如愿考进大上海的重点高校，走进令人艳羡的首钢。

当这幅光鲜亮丽的生活画卷即将展开时，他却悄然转身，带着不被世人理解的追求，踏上清苦的世界屋脊，开始修学佛法。

三十六年人生路，他的匆匆步履曾遍及大江南北。而今在色达喇荣，他一驻足便是七年，从一个普通僧人成长为汉僧堪布。

我并不太清楚圆底的证悟境界，但多年的相处使我坚信，这是一个智慧深厚的修行人，否则他不会舍弃上海、北京的五光十色，跑来寂静的青藏雪域内观自心。

记得他刚来时，穿一身蓝色的在家衣服，现在则是标准的红色僧衣。如果记忆可以定格，半生的因缘幻变，就像一卷电影胶片，在岁月的幕布上放映出人生百味。

如果三十六年已足够一个人对前半生做出回顾，那我最想说的话便是：感谢佛法。人非草木的地方在于他有一颗跳动的心；不同于其他畜生的地方，在于他有一个愿意思考、渴求精神解脱的灵魂。正是这个不安分的灵魂，使我在尝尽了苦涩、绝望和脱胎换骨的痛苦后，终于认定佛法才是唯一可以把我从漆黑、痛苦的深渊中拯救出来的力量。否则我将无法想象，未来的岁月该如何度过。

1965年出生的我，孩童时代是在妈妈的怀里、姐姐的背上度过的。稍大点就跟在哥哥屁股后面，田间林中到处乱跑。总也玩不够的童年，是在上小学的第一天终结的。那天老师在填登记表时，问我家的成分。我不知该怎么回答，就回去问母亲。母亲想了半天后，终于难以启齿地对我说："咱家是地主。"

我像是被人打了一记闷棍，难过极了。幼小的心里早已把地主和万恶不赦、人民公敌等同起来，怎么自己的家人竟也跟电影里的黄世仁一样呢？从此，孩童的我就像背上了一个沉重的十字架，天真烂漫过早地被它压垮了。我变得内向，开始喜欢独自思考周围发生的一切。

在农村长大，亲身感受了农民的朴实和生活的艰辛，也感受到了社会围绕自己的出身所形成的无处不在的歧视与不公。这一切都在促使我形成一种爱恨交织的观念：我要认识这个世界，我要铲除邪恶，我要让父老乡亲过上富裕的生活。

由于一直笃信科学知识可以让我获得改造世界的力量，因此我对学习始终很自觉。十年寒窗，终于迈进了大学神圣的殿堂。大二时由于一个偶然的机缘，我开始涉足气功领域，并亲身感受到气脉的存在及打通小周天的奇妙感应。

这段经历对我以后的人生发生了重大影响，因为就是在那个时候，科学在我心目中不可动摇的地位，开始真正受到质疑。也就是在同一时期，我开始用异样的目光去审视平日里奉若神明的老教授们。那些颤颤巍巍的学术权威，他们的今天就是我的明天，依靠他们传授的知识怎么能获得改造世界的力量？

上大学后，随着人生阅历的增加，我开始思索人类自诞生以来就一直在追问的一个问题：到底为什么而活着？原先以为农村人很苦，城市人很快乐，进得城来才发现，喜怒哀乐是不分地域的。

叔本华说，一个希望的消失就是另一个希望的诞生。人生就像上紧发条的闹钟，当发条力尽时，一生便也终止。这样的一生有什么意义呢？生活贫困固然痛苦，摆脱了贫困照样痛苦。我没有能力让所有人富裕，即使有能力，富人的痛苦又该如何解除？

后来又遇到尼采的超人哲学，很合我的胃口。他说：人是连接猴子和超人的一根绳子，人要努力做超人，否则会堕落成猴子。又说：我是太阳，我给你们带来光明，照亮你们。但是怎样做超人？超人又是什么？

伟大的哲学家可以唤醒沉睡的人们，但醒后却发现根本没有出路，这种痛苦是绝望的，但想重新睡去已不再可能。此时，我原先的世界观快彻底崩溃了。我发现人是那样渺小，科学是那样无力。

带着一颗没有寄托、迷茫的心离开校园，1988年我来到了首钢电子公司，从事炼钢的计算机控制工作。这里很多人都在混日子，管理死板，毫无生气。除了个别人为一官半职忙碌外，再也看不到有什么值得奋斗的目标。

此时，我又趁机阅读了一些欧洲文艺复兴时期及稍后的古典主义、浪漫主义时代的作品，使我大约了解了一些西方文化的特征。读雨果写的《悲惨世界》时很感动，主人公冉·阿让历尽磨难，经过神父的指点，彻底放弃了对社会的仇视，把恨转为无条件的爱，爱这个世界，爱自己的敌人。正如《圣经》所说：宽恕他们吧，他们自己都不知做了些什么。这些观点对我影响很大，此时的我，心中已开始原谅早先社会对我的歧视所造成的伤害。

但是空洞的"泛爱论"并不能解决很多人生紧要的困惑，内心的苦闷还在继续着。1989年下半年后，由于长时间的苦思冥想，我的身体逐渐垮了下来，曾有半年多的时间没有饥饿感。那时我才二十四岁，就已体验到了衰老。从1989年开始，大约有四年时间，我一直在迷茫中徘徊，这期间也曾想过自杀，但又想到父母恩情尚未报，还是活着吧。也曾认为做人不如做猪好，猪就没有那么多的精神痛苦。

说起与佛法的因缘，是始于《金刚经》。1990年的一天，我偶尔在王府井新华书店购得一本《金刚经》，打开一看，佛陀自然流露出的智慧，以及与弟子须菩提活泼的对话，深深吸引了我。佛陀和佛经完全不同于以往自己所熟悉的任何知识体系。在上海读书时，也曾见过静安寺的几个老和尚念经，当时没有产生任何兴趣。曾经以为佛经是死板、枯燥的教条，当真正看到佛经，才觉得耳目一新，从此我的宿舍书架上便摆满了经书。

通过对佛法的学习，我才渐渐了知，佛并非供人祈祷的万能的神，他曾是和我们一样的凡夫，通过对自身的修炼来彻悟世界的本来面目，并开发出自身本具的智慧光明，成为先觉者。成佛并非欺骗愚人的安慰，也不只是提供来世的希望，更不是永远实现不了的乌托邦。佛法在提供一套完整理论的同时，也提供了实际修证的一步步指导。

佛法的光辉开始照亮我黑暗的心灵，而且不可思议的是，我羸弱的身体也慢慢恢复了生机。但在随后几年的学佛历程里，观察自己的心，贪心还是那样多，烦恼也还是那样重。怎么修了几年一点不见效？看来我需要明师的指点。

1994年年初，我的思想斗争很激烈，已到了三十而立的年龄，但自己一无所成。若做在家居士，也早该成家立业了；想出家修行，又找不到明师。再不能这样犹疑下去了，我应该做出决断。

4月份，我请长假离开了单位，怀着一线希望去了自称"佛子"的某大师在西安的辅导站。一个月过后，我就认识到，所谓的佛陀第二十七代传人"佛子"某大师也只懂一点气功、测测病而已。最可怕的是，他竟公开宣称自己不信因果！更加可笑的是，"佛子"当时正与北京某位记者为分钱不均而闹得不可开交。

再继续找，我在心里给自己打着气。后来，我又随学员中的一位师父在东北过了两个多月的江湖生活，依然毫无所获。记得在东北的一个夜晚，面对晴朗的夜空，我至诚哀告："如果这个世界上有我的师父，请赶快摄受我，我快要受不了了。"当时，我的心在默默祈祷，泪水也无声地流淌。

再后来又去五台山圆照寺体验了几个月的实修生活，早晨两点半起床念经，白天参加修庙劳动。但最遗憾的是，这里只管念经，不讲法义。

怎么办？再找吧。好像不找到对生命有个交代的答案，我那颗心就永远不会消停一样。于是我从山西跑回北京，又从北京跑到成都，并在昭觉寺住了一个来月。也就是在昭觉寺，我头一次遇到了从喇荣五明佛学院回来路经寺庙的居士。因缘终于到了。看着他们黝黑而满足的脸，我暗下决心一定要去佛学院。

时值1994年年底，我决定再回家看一看父母亲朋。春节刚过，瞒着父母，我终于坚定地来到了这块陌生而神秘的土地，并且一住就是七年。七年的时间足够我反思以前接受过的种种学说，特别是对科学有了一个更全面、更本质的认识。

别的不想多谈，仅举两例。比如关于地球的毁灭，科学的回答是：到地球毁灭时，太阳发生大爆炸，产生很多倍于平常的热量，使地球燃烧。佛教的回答是：劫末之时，次第出现第二个太阳、第三个太阳乃至第七个太阳，此时大地燃烧。

再比如，有人会说人类认识世界用的是大脑、意识，根本不是什么人本具的佛性。对此我要说：第一，大脑和意识不是一回事。佛教认为人的意识是更深层次的佛性大海上的波浪，它不是佛性的本体，却是佛性的起用。第二，如果说大脑认识外界则明显不合理。我们知道大脑和石头都是由相同的中子、质子、电子构成，虽然因这些粒子排列不同，形成了有机物的大脑和无机物的石头，但粒子排列的不同不会改变物质的本质特征，一块石头永远也不会认识一块木头。所以离开人本具的佛性，就无从认识世界。

我个人觉得，不管是基督还是孔子、老庄，特别是佛陀，他们的智慧绝非因时间久远就会变得落后，我们这些现代人还远未成熟到可以抛弃他们的地步。科学的日新月异常常使人产生眼花缭乱的错觉，以为科学可以解决人类面临的一切问题，这种错觉发展到极端，便会产生新的迷信。当我们把佛陀的智慧从心灵中剔除，一种现代迷信便会占据心间，这恐怕是盲从科学的人们所万万想不到的。

对我而言，多年的闻思已让我认清了一个事实：留有先贤足迹的道路伸向远方，我要做的便是坚定信心，生生世世修行在菩提正道上。

看过关于圆底的"纪录片"后，你也许会觉得很精彩，也许会觉得很平淡。但无论如何，这段岁月让他收获了心灵的平和与思想的升华。

我很想问问世间人，当你们再回首时，特别是当生命走到尽头，对于往事的感慨，是昏聩大于清醒，还是无奈、悔恨胜过自在与欣悦？

至少圆底把握住了现在，并能从容而坦然地面对未来。这种自信源于对命运、对人生、对自己的清醒认识，而这种认识，则毫无疑问来自佛法所赋予的智慧。

从北京到色达，圆底的脚步越迈越稳健了。小时候，他梦想能获得改造世界的力量，我想，这恐怕也曾经是许多人挥之不去的理想。

只是今天，还有多少人仍在为之奋斗？

有什么
舍不得

肆

——

假如生活欺骗了你，请接受

就像吃迷幻药，药性发作时，

可以迷糊又兴奋地快活一阵子，药性过后又怎么办呢？

空虚是可以令人发疯的，若想不沉醉于过去，

就得像一具尸体般活着。

假如生活欺骗了你，请接受

"垮掉的一代""愤怒的青年"等专有名词，在社会学、文学思潮等领域都有它们特定的含义。如果单从字面上来看，用"迷茫"来形容学佛之前的圆决，以及她那帮在热闹的红尘中痛苦摸索人生真谛的伙伴的精神状态，倒是非常贴切。

认识这个女孩近十年，最初那一阵子，她好像才上初中。一个小姑娘，瞪着忽闪忽闪的眼睛，好奇而迷惑地看着我们这些身着袈裟的出家人，还时不时从妈妈背后探出头来，这就是她留给我的最深的印象。

看着她从初中到迈进大学的门槛；看着她有好长时间处在"迷茫"

当中；看着她拼命涉猎古今中外的名著，以求探寻生存的意义；看着她与她的那帮伙伴在痛苦中沉沦，在沉沦中挣扎；也看着她终于开始接触佛法……这近十年的交往，让我几乎成了圆决精神历程的目击者。

当然，我最高兴的是，她总算摆脱了迷茫、空虚、痛苦的生活状态，并最终找到了理想的生活之路。看到她也像我们——当初她并不理解的出家人一样，趋入佛门、披上袈裟，我真是从心底随喜她的选择，并赞叹她的功德。

俗语说："三岁看老。"接触圆决久了，对此话体会颇深。她在上初中、高中时就不太喜欢说话，也不喜欢多接触人。尽管她上大学后曾一度频频与同学聚会，但在我看来，那也仅仅是空虚灵魂的一种宣泄而已。她甚至连家里的电话也不接，觉得那纯属干扰。

不过这个不愿与外界接触的女孩，内心倒十分纤细、敏感。她从小就喜欢读书，以致家里到处都是方便面——因为她害怕做饭，吃饭浪费时间。她经常把从书里得到的体会，乃至后来产生的出家想法，滔滔不绝地讲给我听，也把她内心深处的疑惑与苦闷倾倒给我，并征求我的意见。

我们都知道，越是敏感的心灵，越能感受到常人所感受不到的痛苦，因为它往往更关注生活表层之下的深层含义。因而对那些迷惑着又探寻着的敏感心灵，我总是给予更多的时间与关注。因为我知道，要塑造一个坚强而清晰的灵魂，真的不是一件容易的事。

就这样，一直关注着这个常常自己思考人生真义，常常自叹迷茫、困惑的年轻人，一直等了近十年。十年磨一剑，现在也该利剑出鞘了。

印象当中，圆决毕业于某市电子科技大学计算机工程学院，毕业后曾在某市的一家工商银行工作了四年。她的家庭及工作环境，在旁人眼中都是非常优越而令人羡慕的，但在悠闲的物质生活背后，她的内心世界又有多少人知道呢？

　　我叫圆决，四川人。平日也没什么嗜好，就是喜欢读书。记得海明威有部小说，其中有一句题词叫作"迷惘的一代"，我觉得简直就是我与同龄人的精神标签。从初中开始，我和同伴便开始看各种杂书，从武打到言情，从传记到哲学，从心理分析到《圣经》，什么东西都往脑子里填。似乎看杂书是那时的我们窥探校外风光的唯一一扇窗口。

　　但不知从何时起，这份热情却渐渐消逝。升入大学，坐在宽敞却压抑的阶梯教室里，虽然周围坐满了同学，但我的眼里只看到一片充塞着各种颜色的虚空。

　　小时候看过关于苏东坡的一个故事：一天苏东坡吃完午饭，在院子里晒太阳，他问身边的侍妾："我肚里装的什么？"有的说"满肚酒饭"，有的说"满腹诗书"。只有朝云说是"满肚子的不合时宜"。东坡听罢点头称是。其实我和我们这一代，都同样感受着"不合时宜"所带来的无奈。读的书越多，非但不能充实自己，反而徒增痛苦与迷茫。

　　波伏娃曾在她的作品中写道，女性一生所受到的教育，令她难以逃脱"内囿性"。但我觉得，大到整个人类历史，小到每一个众生，都逃不掉各自的"内囿性"，就像无数的小说、历史，描写得再多，也始终跳不出它自己的圈子。

　　就拿《战争与和平》中的安德烈公爵来说吧，他广闻博学、聪明细致，虽曾遭受痛苦，但"幸福"也并未彻底放弃他。可最终呢？他还是重新被关回那个狭窄的牢笼——自己郁闷忧愤的心里——不得逃脱。

至于写出这部杰作的俄罗斯伟大文学家托尔斯泰，尽管一生都在寻求拯救人类社会的改良方案，堪称一位忧郁的思想者，但在他妻子笔下的传记里，也只不过是个枯燥、毫无生气的糟老头子而已，甚至很多作品还要由她来代笔。

我曾仔细研读过雨果的《悲惨世界》。很多人都会被书中的主人公冉·阿让所打动，可我怎么看冉·阿让怎么替他悲哀。他一生东躲西藏，虽然有一颗"比天空还广阔"的心灵，但他周围：养女与女婿弃他而去；那个卑贱的小人却一如往昔；还有个沙威，最后落得投水自尽的结局。这样一个人，能拯救整个悲惨世界吗？

而生活中的雨果，这个死后让全法国为之举行国葬的伟人，却与女儿阿黛尔·雨果格格不入。女儿的感情历程，做父亲的完全不能理解，更谈不上帮助。饱受情感折磨的阿黛尔·雨果，最后在疯人院中了此残生。

还有D.H.劳伦斯，写出了《查泰莱夫人的情人》来探讨人的情感与理智的激烈冲突，自己却常常被妻子在肉体上痛打……这些闻名于世的人物的生活似乎比他们的作品更精彩，但也更糟糕。作品中理想的人道主义色彩、悲天悯人的宽广情怀、救治社会人生的种种方案，与他们一团乱麻的个人生活竟是那样的格格不入。文如其人在他们身上如何体现？

圆决对这些文豪的质疑，也引起了我的同感。在我的学生时代，在美丽的宗塔校园里，我也曾读过其中的一部分著作。等到后来出家，却发现它们都不究竟。诚如爱因斯坦所言："我所拥有的知识在生活中毫无用处。"不过言归正传，还是接着听圆决的人生自述吧：

这世间智慧就像一个无用的人，沉于无边的大海中，无有舟楫，甚至连根朽木都没有。"我们要做什么？为什么、为谁而做？"这些简单又让人痛苦的问题，我却怎么也回答不出来。

有一段日子，我和同学们经常泡在网吧、书吧、迪吧中，甘愿被各种形色所包围、填充。就像吃迷幻药，药性发作时，可以迷糊又兴奋地快活一阵子，药性过后又怎么办呢？空虚是可以令人发疯的，若想不沉醉于过去，便得像一具尸体般活着。"昨夜笙歌容易散，酒醒添得愁无限"，所以必须一再地醉，最好长醉不醒。

看过米兰·昆德拉的《笑忘录》和《玩笑》吗？它们令你窒息吗？当我读到《笑忘录》中葬礼的那一段时，我竟放声大哭。因为那一刻我极为清醒，清醒地看到生活原来是场多么大的笑话；所谓的"美丽与幸福"是如何的具有欺骗性。所以我哭，哭我的沉沦，哭我的麻醉，哭我的无路可逃。

但有时，不，应该说常常，我都在希望——梦总有醒来的那一天吧。就这么在痛苦中期望着，没想到，真的没想到，那一线曙光竟就这么来了。

一个偶然的机会，我遇到了法王如意宝晋美彭措上师。当时还没有明确地意识到，今生从此就扭转了方向。只是坐在法王的身边，竟感受到一种从未有过的快乐和平静。每次上师开口说话，虽然话不多，却让我从心里发出笑声。常常他的一句话就足以让我快乐一整天，这种快乐与平静交织的情感，为什么以前从未体会过呢？我真的有点想弄明白了。

接下来，我又看到了《百业经》。这本书最令我着迷的，是它叙述的世尊前生的许多事迹。我不解，同样一个人，为什么当他受到别人的危害，甚至要他的妻儿、王位乃至活生生的血肉时，他竟能欣然接受？在成就自己善业的同时，对于伤害他的人，竟也发起不可思议的大愿：宽恕对其造成伤害之人的所有恶行，并都助他早证菩提。

以前看过的无数小说中也有视死如归的英雄，却从未见过如世尊这样的勇士——他行善不是出于任何私人的目的，而是以广大、温柔同时又坚强得无法表述的心，将这份历经千辛万苦才获得的善果完全地、谦卑地，却又无比高贵地奉献给别人。当时我就想，经文中叙述的佛陀，有着无比的庄严宝相，一见就能令人生起喜悦而坚定的信心，这些就算是一种赞美之词或文学夸张，那也毫不为过。

这样的一个人，仅凭他的这颗心，我都甘愿匍匐在他的脚下，接受他的教言。也就是从这时起，我开始理解上师的"魅力"所在了。我还感到，以前看过的所谓"万卷书"和佛经相比，竟有着如此巨大的差别。

没过多久我又看到了《入菩萨行广释》。刚开头就有一句话深深地打动了我——"修行的最大障碍就是傲慢与脆弱。"这说的不就是我吗？于是，我立即就将"是否傲慢？是否脆弱？"贴在了床头。

又往下看，读到"除往昔感受，吾今复何余。然因执著彼，屡违上师教"时，更是唏嘘不已。没错，我所做的一切事，最终只会有"往昔感受"留下来，但自己却屡屡因执著于那时的感受而自我折磨、自我痛苦，一再重温过去的创伤。

越往下读，越觉得在我以前接触过的所有作品中，从未见过这等的旷达、智慧与慈悲。在世间，你可曾见过被流放的犯人还在欢乐地唱歌？而在佛教历史上，就有人在被押送的途中，安详地端坐于马鞍上，念着经文死去。

当年米拉日巴尊者在山洞中苦行，无衣无食，最后赤裸的身上长满了绿毛，但他还能唱出"艰苦越深乐亦深，比较无病更快乐。一切苦痛变成乐，稀奇稀奇甚乐哉"的道歌。这些正是无数佛教徒真实实践过，并正在且还将继续实践的路。

也正是看到了佛学对整个世界、整个人类的洞悉，感受到佛陀和他的追随者们不可思议的善良、勇敢、无畏的品格，我终于能抛开过去多疑、痛苦的心，皈依了佛门。唯有佛，而非世间的任何财产、地位等，可做我真正的依怙。无论何时何地，甚至一瞬间的心念，佛陀都会给我做最详细、明确的指导，引领我们狂躁不安的心逐渐踏上调柔之道，直至安住安乐之境。

我曾经照顾过一位生病的上师，当时她全身上下都肿着，脚上轻轻一按就是一个很深很深的窝。但当她站立行走时，那份仪态简直令我震惊！不带一丝病态，也没有故作坚强，平和而坦然地用我无法描述的步态向问候她的人们走来。步步寂然无声，却都踏在我的心上。她随意而放下万缘的神态给了周围的人们以无比的安慰与力量。当时我唯一的愿望就是放弃一切，只想拥有与上师一样的伟大。这不是"自我"的伟大，而是"我"痛不再痛，"我"乐不再乐，只愿众生能离苦得乐。

　　明白了这些道理后，没有过多犹豫我就出家了。我真正学佛的时间并不长，因而也讲不出太多高深的理论。只是我开始明白，也希望仍在"迷茫"的一代都能明白，在世间波涛般汹涌的苦痛之海里，要想不沉溺于其中，追随佛陀的足迹去找寻心中那片乐土，达到永久的大乐之境，这也是一条路。

很高兴从迷茫的人群中站出了圆决，很希望更多的迷茫者都能赶快清醒。

每当我站在熙熙攘攘的都市街头，看着身边南来北往的人流匆匆而过时，心中就不由自主地冒出一个强烈的愿望：人们如果都能摆脱红尘羁绊，用心寻找生命的本真意义，这个世界该减少多少无谓的争执与烦恼。就算是做不到这一点，我也由衷希望人们至少都能做一个贤良正直的公民。

一位观世音菩萨的化身曾说过："以前我希望所有的人都来学佛，其实这只是自己的一种狭隘观念。现在我不希望人们都皈依佛教，只希望他们善良就足够了。"

让我们都来做一个善良的人吧。

令人迷茫的社会是个大荧光屏，

天天上演兴衰更迭的故事。

而医院这个频道主要演出生老病死的悲剧。

既然生命必将逝去，那医学到底有什么究竟的利益？

这一生，不过是手术台到手术台的距离

圆藏给我的最深印象，是脸上永远挂着一副平和而坚毅的神色，嘴里永远吐露一种沉静而略带磁性的声音。

圆藏来佛学院也就两年时间，他有一副好嗓子，男中音的架子，向上可以高扬，向下可以低旋，真是做维那的一块好材料。

特别是他念《药师经》时，抑扬顿挫，一气呵成，将药师佛的大悲大愿、释迦如来的大慈大化，用一片赤诚挚信，演绎得淋漓尽致。在雪域高原，他将汉传佛教优秀的唱经传统，精彩异常地展示了出来。背诵《入中论》时，他的流畅与投入曾赢得全体僧众的喝彩。

接触多了，发现他不仅声音好，人也很真挚。

我们的谈话就从他小时候的一次刻骨铭心的经历开始。

六岁时，有一天放学回家，路过父亲单位，看到里面围满了人。我也挤进去看，发现一张白布单下躺着一个一动不动的人。"叔叔怎么了？"我问身边的大人。"死了。""死了？"我有些疑惑不解。

这位叔叔是父亲单位里才来不久的一个农村小伙子，大概也就十七八岁。平常老看见他给办公室打水、扫地，蛮勤快的，不知此刻他为何却成了这个样子，就这么躺着，直挺挺的。我好奇地用小手拨弄着他那双穿着新布鞋的脚……这一幕童年的画面深深地刻在了我的记忆中，一直伴随着我的成长。

表面上看来这件事是过去了，但我想它一定潜伏在我的意识深处，时不时就会冒出来，对后面的人生产生隐然而确定的作用。

上高中后，时间在应付紧张的学业中度过。偶然有一次，在杂志上看到一篇关于释迦牟尼佛生平的简介，只有半页，内心却受到从未有过的感动。尽管后来这份感动又被堆积如山的复习资料挤到了记忆的角落里，但总感觉这篇文章似乎在悄悄地推动我的生命走向一条不同寻常的道路……

就好像刚才说的童年经历般埋在我的潜意识当中，总有一天会对我的人生发生作用，高中的这次体验也是同样。考上大学后，特别是开始学医，我对生命的体验也就更自觉、更理性。加上原先的经历在因缘和合后都爆发出来，触发了我对生命的全新感受。

我上的是一所医学专科学校中医系，功课不多，每天才一两节课，这使我有更多的时间泡在图书馆里。也就是在此时，我开始广泛阅读金庸的武侠小说。在他的小说里，偶尔闪出的几缕神奇的光芒，射入我那迷茫和昏暗的心里，指示我走上那条尽管还很模糊，却像是早已向往的路。

从表面看来，金庸的小说似乎没有直接宣讲佛法，但里面的内容往往让人别有一番滋味在心头。在他的一部小说中，我第一次读到少林寺三尊大佛像后镌刻着《金刚经》的四句偈："一切有为法，如梦幻泡影，如露亦如电，应作如是观。"当时虽对其含义一无所知，却感受到了强烈的震撼，以至热泪盈眶。

又读到少林寺三大高僧在降伏邪派高手"金毛狮王"谢逊之后，还经常为其念诵佛经，其中就有尸毗王割自身肉来换取鸽子生命的动人故事：慈悲一切众生的尸毗王，为了救护鹰爪下的鸽子，不惜将自身肉一块块切割下来，一次次放入秤盘中。最后身肉割尽也没法达到鸽子的重量，于是他毫不犹豫地举身攀上秤盘，此时大地震动，天雨香花……

读到这段文字时的那种难以遏制的激动，至今还记忆犹新。我觉得世间几乎找不到这种能彻底牺牲自己、利益他人的博大胸怀，于是便将这段故事摘抄下来，带在身边。

大学期间还陆陆续续从书中抄录过一些佛法方面的良言箴语，每一次都像盲人在路边捡到宝贝般欢喜雀跃。再结合医书思考佛理，我开始渐渐尊崇佛法所谓的前生后世、六道轮回之说了。

比如清代医学名著中，记载着一则治疗人面疮的医案。插图是一位身着袈裟的僧人，膝上赫然长着眼、口、齿俱全的人面疮，后来才知这是唐代悟达国师的一则公案。国师是汉时袁盎的转世，人面疮则是当年被袁盎杀掉的晁错所化。

还有一位名医为一求诊的鬼神治疗风疾，在稻草人身上取穴扎针，也收到疗效，鬼神称谢而去。每当看到这些医案，内心深处多少有点触动。

上大学期间，我只是初步涉猎了佛教的外围领域。而现在，我却在佛学院出了家，出家与仅仅接触佛法是两个概念，而连接这两个步骤的中间阶段，就是我毕业后的工作经历。正是因为被分配到一家医院后，目睹了太多的人间惨剧，才使我彻底生起了出离心。

那时，我回到家乡的一家医院，医院虽小，悲欢离合倒也不少。令人迷茫的社会是个大荧光屏，天天上演兴衰更迭的故事。而医院这个频道主要演出生老病死的悲剧。在家乡工作的近两年时间里，所见所闻都促使我的生命更加趋向内心那条隐隐向往的道路，我犹如流落异乡的疲倦浪子，总是翘首眺望着归途。

面对白衣天使亦无法从死神手中夺回生命的幼儿尸体、绝望母亲的号泣；面对接到绝症诊断书的患者那黯然失神的双眼；听到各病房发出的高声惨叫、低声呻吟；再有那些得了冠心病、胃穿孔、大出血、心脏衰竭、全身大面积烧伤等的患者，我这颗尚未麻木的心就感受到一次次的刺痛。每当看到病人从我们的手术台上被抬往太平间,我就常常反躬自问,既然生命必将逝去,那医学到底有什么究竟的利益?

苦闷当中,结识了佛教界的几位人士,有幸拜读了几本日后对我的人生起了重要作用的书籍,特别是《劝发菩提心文讲记》一书对我启发尤深,可以说正是这本书带着我走到那条渴望已久的希望之路的路口。尤其是书中描述的轮回中皆已做过自己父母的众生,他们的种种凄苦艰辛,怎样在轮回中漂泊、互为父母子女,以及恩怨情仇的无常变化,真让人感到可悲可叹、可笑可怜。

"从旷劫以来,世世生生互为父母,彼此有恩。今虽隔世昏迷,互不相识,以理推之,岂无报效?今之披毛带角,安知非昔为其子乎?今之蠕动蜎飞,安知不曾为我父乎?"呜呼!如此轮回迁流,何日才有个尽头?

正是这些振聋发聩的法言,逐渐觉醒了我暗昧的心灵。我的思绪经常飞越拥挤浑浊的都市,栖息于松柏参天的深山古寺,想象自己跪拜在一位慈祥的老和尚面前,剃除须发、身着袈裟、听闻佛法、诵经参禅……

其实只要有心,想象终会有变为现实的一天,我也不例外。1993年,我终于落发出家,1999年又最终来到了喇荣五明佛学院。

记得马丁·路德·金有一篇著名的演讲稿《我有一个梦》,他梦想总会有那么一天,不论白人还是黑人,都能像兄弟姐妹一般,平等和睦地共有一个家园。我不知道他的梦想能否实现，但血淋淋的事实是，编织这个梦想的马丁·路德·金本人，却被他想象当中的"兄弟姐妹"们枪杀了。

我也有一个梦，这个梦远比马丁·路德·金的梦更瑰丽庄严，那就是愿所有众生都能回归美好、平和、清净的自性家园，那样的世界将是何等的风光？

出家是踏上寻梦之旅的第一步，佛学院是我实现梦想的加油站。

而前方的路还很漫长。

看着圆藏稍显黝黑的面庞上那双清澈透底的眼睛，我似乎就看到了他那颗跳动着的透明的心。相信他的梦想终有实现的一天，从医生到比丘，这不已是梦想实现的第一步了吗？

经历了人生的风风雨雨，阅遍了世间的生死变迁，尽管年龄不大，但圆藏已足够从医院的手术台上、太平间里看透世事无常。

有智慧的人不会对生命有丝毫的鲁钝，也不会在日复一日、年复一年的机械化运作中结束自己的一生。

在生命的沙丘上，无常之风吹过，流沙聚散起伏、变幻莫测。智者如何留下坚实而难以磨灭的足迹呢？

记得吾等大师释迦牟尼佛曾说过："若多修无常，得诸佛加持。犹如众迹中，大象迹最胜。如是佛教内，所有修行中，唯一修无常，此乃最殊胜。"圆藏六岁时就对死亡无常有了初步体认，可是今天的人们，有些已年逾花甲却仍在浊世中迷乱。世上还有比这些一生颠倒的人更愚痴的吗？

流浪者抓住热气球的绳子缓缓飞升，

当气球掠过广袤的俄罗斯原野时，

他的眼神充满了惊奇与疑惑。

最终他重重地摔在地上，悄无声息地死去。

这个镜头简直就是这位电影大师一生的写照。

你只见他繁华，不见他落尽

6、7、8月的喇荣是最美的。

被漫长的严冬摧残过的田野重新焕发了生机。放眼望去，满眼无尽的绿意随着连绵的群山延伸至远方辽远的虚空，一切都是那样明净。

一个雨后初晴的温暖黄昏，当斜阳正要收回它洒向人间的脉脉温情的光线时，圆磊如约来到我的小屋。

我对圆磊的记忆并不完整。隐约记得1999年他第一次只身来到佛学院，2001年四月初八落发出家。他有很多学生，学导演的、学录音的，还有学摄影的，等等，好像他们都与电影有关，于是，话题自然而然就从电影聊开了。

　　我学的是电影，教的也是电影。1987年我考入陕西师范大学中文系，1991年毕业后又在中学当了五年老师。实在厌烦了千篇一律的中学教师生涯时，电影这个由光与影所构成的梦幻世界，就在此时占据了我对后半生的梦想与规划。于是，1996年我考取了北京电影学院的研究生，1999年硕士毕业后，就被分配到北京师范大学艺术系影视专业任教，我的学生也大都来自北师大或电影学院。

　　"你工作才一年多就决定出家了？"我多少感到一些诧异，"你来喇荣也不过从1999年开始，是不是学佛学了很久，经佛学院这个催化剂一点化自然就生出了出离心？出家的因缘跟电影有关吗？"我有一大堆问题要问他。

　　我1998年才开始真正接触佛教。但如果追溯出家的源头，可以一直上溯到童年时代。

　　一个正规学佛只有三年的人便萌生舍弃尘缘的心志，确实有点出人意料。不过既然源头在童年时代就已隐然伏下，细想这因缘也在情理之中。这其中端倪倒越发引起了我的兴趣。

　　"我从小就怕死。"圆磊不好意思地冲我笑笑。

记得小时候看过奥立弗演的《王子复仇记》后，就整夜整夜把父亲用来健身的太极剑横放胸口，害怕死亡的魂灵会乘我昏睡之际夺去我的生命。那时尽管很小，但也许是早熟吧，我已经对自己稚嫩的身躯产生了强烈的好奇与留恋，总是想探寻个究竟。我到底从哪里来？我会不会永生不死？

邻居家人去世时，那具尸体的影像总像一道巨大的恐怖阴影，久久笼罩在心头。因而我很小便习惯于一个人捧着大部头的著作，坐在门前的柳荫下废寝忘食地读，囫囵吞枣地妄图从书中找到答案。小时候头特别大，脖子又特别细，直到现在，老街坊邻居见到我，还不免咋呼一番："哟，这不是张家那个大头娃吗？你的脖子还没折断啊！"十岁之前，我就把《红楼梦》看了好几遍，其实什么也不懂，但依旧陪着贾宝玉、林黛玉落了不知多少"感伤"的泪。

听到这儿，我也笑了："落了那么多冤枉泪，到底明白了没有？"

肯定不会有个答案的。不过这种对生命的幼稚体悟，却激发着我越来越想要思索人生的真义所在。上大学时候的1987年，西方文化铺天盖地涌向中国内陆，势头达到了最高峰。那时的我，也像大多数盲目而热情的学子一样，饥不择食地接纳着这些或新鲜或陈旧或充满真知灼见或良莠不齐的西方论典，那种感觉记忆犹新。

我一次又一次从兴奋的顶点跌入深不见底的深渊，经常是在一种流派或观点里面发现让我心动的答案，随即又在另一个流派或论点中发现它的一钱不值。先是推崇弗洛伊德的精神分析学，后来又狂热地爱上萨特的《存在与虚无》，过不了多久，结构主义符号学又占据了我的脑海……

但探究愈多，迷惑愈深。没有任何一种理论、流派、思想，能从根本上解释生命的意义、时空的本质、宇宙的奥秘，特别是从小就困扰我的那个问题——关于生死的真相。

后来，我又把目光对准了中国传统文化，特别是儒、道两家，依然得不出个所以然。倒是对小时候不理解的《论语》中的一句话，有了更深的体味。子曰：朝闻道，夕死可矣。及至年岁渐增以后，我才领悟出这句话的真义——如果一天得不到生命的"道"，那么这一天的生存又有何益？

但是直到1998年之前，我一直没有把佛法放在思考范围之内。与中国绝大多数的知识分子一样，从小我就接受了一种根深蒂固的观念：宗教是统治阶级麻痹人民的工具。我想当然地把佛教与封建迷信画上了等号。

每次经过寺庙门口，看到里面的经忏、水陆道场；没牙的老头、老太婆；香烟缭绕之处，算命看相者也掺杂其中……我便更坚定了这一认识。现在想来，这真是我的悲哀。当时我根本不懂得，纵然只是对佛像双手合十，都会获得无量的功德。我们有谁打开过一本佛教经论，特别是有关般若空性方面的论典，不带任何成见地研读过呢？

这种现象的不妥之处就在于：绝大多数指责佛教为麻痹工

具、封建迷信的知识分子，可能就跟1998年之前的我一样，从未接触过一本真正的原始佛典，而仅凭感官印象及教科书的主流话语就认定了佛教的本质。

1992年，我第一次去五台山游玩，恰逢一座寺庙在为佛像贴金。当看到许多人为一尊尊土制的坯胎上色、装饰，我满含讥讽地对身边顶礼膜拜的同伴正色说道：难怪有人骂你们佛教是偶像崇拜，一点不假。瞅瞅你们，给一尊尊土堆磕什么头呀！愚昧。

现在想来，真正愚昧的其实是我。造了如此大的罪业，不知什么时候才能忏净。1998年春天的一个下午，我终于生平第一次打开了佛经，不看则已，看罢感慨万千，自己孜孜以求的关于生命及宇宙的全部答案竟全在里面，这是一种不离世间又超脱世间的大智慧。

特别令我惊叹、信服、推崇备至的是：西方理论体系中共同具备的一个致命缺欠，恰恰是佛法的耀目之处，那就是般若空性及显空不二。没有任何一位古代、中世纪、现当代的西方哲人揭示过这条真理。

佛教的缘起法在一些西方智者的理论框架中已初具雏形，特别是辩证法的普遍联系观点已经非常接近缘起法则，但缘起因而是空的观念，更进一步，空因而缘起，乃至显空不二的观点，在西方，自苏格拉底、柏拉图开始迄今，没有一人涉足过这一领域。

我想，如果黑格尔知道了万法皆空的道理，他的"绝对理念"又能在哪里立足？而结构主义符号学苦心孤诣建构起来的"能指""所指"的符号语言体系，也将在佛法的"能所双亡"中"无有二取"。

再看看东方的圣人孔子，"克己复礼，天下归仁"是孔子一生最伟大的梦想，在他以"仁"为本的理念体系中，宣扬着"修身、齐家、治国、平天下"的理想人伦道德规范。这毫无疑问能对整个社会的心理建构带来不可估量的正面影响。但对我个人而言，却总是在孔子"不知生，焉知死"以及"子不语怪力乱神"的话语背后，感到一种无法洞悉生存本质、心物关系的遗憾。

而且在实用主义哲学本就浓厚的中国大地上，这一宏伟的伦理道德大厦其实很难建立。本来就缺乏高瞻远瞩的品性，又没有三世因果的长远时空观辅助，孔子的理想往往被大多数国人庸俗化为"明哲保身"的处世哲学。

只有佛陀的智慧，一方面是本来无生的大空性，一方面是森罗万象的妙有三千；一方面是无为之治，一方面是有为精进；一方面是破除一切实执，一方面是不废弃一切名言安立——能将理论与实践融汇得如此和谐。

那本重新赋予我智慧生命的法本，就是《金刚经》。

从此我就踏上了寻求无上正等正觉的路。苦也罢，乐也罢，对这个选择，我无怨无悔。

圆磊讲到这里，心绪似乎难以平静，他长长地吐出一口气，明亮的双眸里闪烁着年轻人特有的率直、无畏的光芒。

"那你从事的电影研究、创作、教学，与你的学佛有什么互动关系吗？就我个人而言，我到喇荣已近二十年了，几乎从未看过电影。从上小学开始，到中学、师范期间，我看过的电影大概只有两部吧。我总感觉电影是在一种虚幻的光影背后，力图把握住生活的真实。但能否成功，就得另当别论了。况且我也有所耳闻，演艺圈是一个可以牟取巨大名利的行业，选择离开，恐怕会让很多人费解吧。"

上师，的确如您所说，几乎所有的编导都希望在银幕的二维虚拟空间之中，演绎生活的真谛。接触佛教之后，回头再看电影工作，就像完全换了一个角度。以前是"横看成岭侧成峰，远近高低各不同。不识庐山真面目，只缘身在此山中"，现在，佛法赋予了我全新的视角，更重要的是，佛法的智慧让我得以跳出"此山"，以俯角重新审视影像背后的世界。

在所有电影人的心目中，都矗立着一座永不磨灭的丰碑，那就是苏联电影大师塔尔柯夫斯基的作品。我永远都记得在他的杰作《安德烈·鲁布廖夫》中，开场的这么一组镜头：流浪者抓住热气球的绳子缓缓飞升，当气球掠过广袤的俄罗斯原野时，他的眼神充满了惊奇与疑惑。最终他重重地摔在地上，悄无声息地死去。

这个镜头简直就是这位电影大师一生的写照。他那么眷恋俄罗斯的土地，但这块土地上的灾难又使他陷入难以自拔的痛苦。他总想超越这多灾多难的历史，但沉重的现实又总是一次次地折断他期冀起飞的双翼。他想超脱，但又总是坠落深渊，犹如拔着自己的头发想离开地球一样。

在世间所能提供的所有解决矛盾、痛苦的方案中，无一能自圆其说、超越世间本身这一怪圈。所以塔尔柯夫斯基站在世间的立场、处身局内，试图突出局外，就只能是越思索越痛苦，越痛苦越思索，却永远也突破不了这自设的围城。

而且，我将永远记住塔尔柯夫斯基干下的一桩事实：在拍摄这一反思历史苦难、揭示历史阴郁的影片时，为了剧情的需要，他竟然将一头牛浇上汽油活活烧死！

痛苦的塔尔柯夫斯基带着他对这个社会、对整个人类史未解的困惑与悲观的预见，在五十几岁的时候就永不瞑目地离开了我们。不知道现在的他，灵魂沦落在六道中的哪一道里？

圆磊讲到这里时渐渐停住，似乎陷入了沉思，他的眼里有亮晶晶的泪光。我理解他的感情，也许他正为自己曾经热爱过的大师扼腕叹息吧。透过窗棂打进来的夕阳光线，在我们的沉寂当中悄悄抹去了它最后的光芒，夜色降临了。我打开灯，泡上一杯茶，圆磊又接着说了下去：

还有基耶斯洛斯基，他是20世纪80年代中后期至90年代中期全世界最重要的导演之一，也是一位真正的电影大师。他一生都秉承人道主义的光辉理想，但人道主义在以人为本的同时，其局限性也越来越清晰地暴露出来：关注人、悲悯人、认同人，但就是无法超越人本身。这种超越并不意味着如造物主一般的万能上帝，以优越的目光俯视他的子民，而是指人类能突破自己的局限，居高望远，纵览自身所面临的种种困境，并找到突围之路。

这种超越自身的能力，在接触佛法之前，我几乎绝望地认定人类是不可能拥有的。只有在打开佛法的一扇窗口之后，微微透进来的些许"人无我""法无我"的光明，才让我看透所有烦恼痛苦的本质，那就是我执。而基耶斯洛斯基则依然故我，还在狭窄而痛苦的人道主义圈子里打转。

我记得在他的《蓝色》《白色》《红色》三部曲里，始终贯穿了人类的救赎主题。《蓝色》的主人公是一位刚刚丧失了丈夫的孤独而脆弱的女人。她不仅要拯救丈夫未完成的乐曲，更要重新塑造自己的生命。《白色》写了一个患有生理障碍的丈夫，如何以扭曲、痛苦的方式千方百计地挽回颓废的苍白爱情。《红色》写了一个姑娘如何让一个窃听成瘾的老教授重新拾回自尊自爱的过程。三部曲里面的人物，从灵魂到肉体几乎个个千疮百孔。但与塔尔柯夫斯基一样，基耶斯洛斯基永远也不放弃拯救人类的可能性探索。

与塔尔柯夫斯基相比，基耶斯洛斯基的作品多了一些亮色。在《红色》中，所有在《蓝色》《白色》中出现过的主人公又在一艘沉船中相遇，这一次他们全都被拯救上岸，以此方式，基耶斯洛斯基完成了自己对人类社会乃至未来的想象式的人道主义救赎。

但我却总觉得这抹人道主义的光芒来得是那样脆弱，那样牵强。

"我曾看过这个三部曲的一些文字资料，"我打断了圆磊的叙述："我也感到呈现在你所说的这位导演作品中的人道主义思想，似乎总在悲观与希望之间摇摆不定。"

其实从19世纪中叶波德莱尔写出《恶之花》开始，人类的审美经验就开始遭遇颠覆。光明的理想主义渐渐退去，一个物化的，因而也是异化的世界，随着工业文明的全球化进程，渐次清晰地呈现在世人眼中。面对一个距离人的本性越来越远的疏离世界，所有正直善良的人都感到心在滴血、灵魂在痛苦地找寻出路。但路在何方？

1994年，基耶斯洛斯基宣布退出影坛，原因看似很简单：那就是电影除了给他的个人生活添加痛苦外，对于现存的一切丝毫也带不来任何实质性的改观。我完全理解他的选择。在一道找不到出路的迷墙里面，除了自我安慰，乃至自我欺骗，或者声嘶力竭地呐喊、颓废地自我放逐之外，又能以什么样的方式宣泄？而这位现当代的电影大师也于1996年永远离开了我们。不知他的轮回之旅能否有阳光为之照亮。

所以，我庆幸自己碰到了佛法。

我相信圆磊在说这句话的时候，绝对是真诚的。的确，有哪一种理论、职业或方法能让我们了生脱死？又有哪一种生存方式能让我们摆脱痛苦？

　　明白了这一点，我对电影的兴趣也就越来越淡了。更何况现在的电影行业已经成了一个把人的欲望激发得无以复加的产业，它远远背离了塔尔柯夫斯基们探寻电影背后的真实这一初衷。大师们将电影作为认知生活真相的手段，这样的努力尚且以痛苦而告终；庸俗电影人把它堕落为博取名利的娼妇，难道我还要趋之若鹜吗？

　　以一个普通的编剧为例，一集电视剧的稿酬在八千元左右，有些快手两天便可以完成一集。名编剧的价码会更高，而名导演、名演员的报酬就更是天文数字般的暴利了。我的人生难道也要投入到这种永无休止的纸币游戏中吗？

　　有一段时间因为要做一个电影栏目，经常去采访一些名编剧、名导演、名演员。想起有些演员为了争夺导演的注意力而在镜头前搔首弄姿，我就替他们感到可怜。有时与那些所谓的超级名导、超级明星谈不上两句话，马上就能洞穿面前的这位衣冠楚楚之人，真如"沐猴而冠"。从1999年以后，我已四次奔赴喇荣，一个已看过真理之光的人，又怎会再退回黑暗？

　　我的前辈电影大师们，也许是因缘不具足的缘故，他们没能接触佛法，没能从光影中走出一条通向心灵自由的路。精英分子尚且如此，贩夫走卒们的苟且生活又怎能使我违心俯就？生起了坚定的出离心后，没有丝毫犹豫，我就选择了出家修行这条在我看来最为光明的终极解脱之道。

圆磊以斩钉截铁的口气结束了他的讲述。

圆磊回去了，我一个人站在院子里抬头仰望星空，那颗极亮的金星又衬着月亮出现了。朝曰启明，暮曰金星，它的亮度足以驱散无明的黑暗。

唐太宗李世民曾说：学佛非帝王将相所能为，非才子佳人所能为，出家需大智慧、大勇气。一边回味圆磊刚才所讲的话，一边在心里为他真诚祝福：希望他能保有这份智慧和勇气，以此照亮他前行的路，直到清净光明的彼岸。

普通人大概都这样，痛定之后才开始思考痛苦，

欢乐的时候则忘乎所以，

以为整个世界都是为自己准备的。

我开始觉察到，

一种无形的悲哀其实笼罩在每一个人的头上。

快乐的阳光下，总有痛苦的阴影

战争中的围追堵截是很平常的，生活中的硝烟和鏖战却少见。

对圆当而言，出家历程就像一场突围战，一面是向自我宣战，一面是突破世俗的偏见、家庭的樊笼。这里没有刀光剑影，却也生死攸关。

歌舞升平的年代，你有没有像智者一样，看到了现世安稳背后的真相？

青山遮不住，毕竟东流去。

我出生在宁夏平原贺兰山下，自幼受父母钟爱，天性顽皮

好斗。从初中到高中，我的学习成绩都非常优异，因此被父母寄予厚望——一定要光耀门庭。

我的父母都信佛，父亲还有很多佛经，他经常问我一些佛经中的疑难字词。由于佛法和我所学的书本知识不相吻合，因而我总认为这是一种过时的迷信。但父亲老拿经书来问我，无意中我也断断续续地吸收了一些佛法常识。

一次，父亲拿着一本书中关于禅宗六祖的故事来问我，我一边给父亲翻译，一边心里嘀咕：这个祖师可能真有其人吧？怎么文章的内容叙述得跟真人真事一样平实、可信？

受好奇心的驱使，在夜深人静之时，我偷偷下床，准备完整地看完这篇故事。刚走到佛案前，借着昏暗的灯光，我突然产生了这么一个念头：这佛菩萨没准真有吧？怎么看着那么逼真。这下糟了，我以前对他们说了那么多不恭敬的话，他们会不会怪罪我？我就这样蹑手蹑脚地不敢向前。但转念一想，父母不是经常说观世音菩萨如何如何慈悲吗？如果她真的慈悲，一定会原谅我的。于是我就鼓足勇气，小心翼翼地打开了书卷。

这大概是我第一次有意识地接触佛经吧。以后《金刚经》《地藏菩萨本愿功德经》《药师琉璃光如来本愿功德经》等经文，也像这样被我囫囵吞枣地翻阅过。当时觉得佛菩萨们的广大神通很让人羡慕，至于内容倒是大多看不懂，但至少不会再像以前那样轻易否定了。

真正对佛法生起信心，是在1991年经历了一场家庭变故之后。那一年，我的表叔、大伯父、堂哥三人相继离世，特别是我的一个小侄女也紧跟着天亡。对像我这样的凡夫而言，恐怕也只有在内心痛苦的时候，才会想到佛陀宣讲的有关人生苦空无常的道理。普通人大概都这样，痛定之后才开始思索痛苦，欢乐的时候则忘乎所以，以为整个世界都是为自己准备的。

我开始觉察到，一种无形的悲哀其实笼罩在每一个人的头上。人类在天地之间，其实是如此的微不足道，生命短暂而充满苦恼，将时间全部浪费在虚名浮利上，为生不带来死不带去的名誉、钱财、家庭、事业付出那么多辛劳，这样的生存到底有什么意义呢？何不利用这点光阴去追求自在安宁的证悟与解脱？把这些道理都想明白之后，1992年元月初九，我正式皈依了三宝，迈出了寻求真理的第一步。

但要想迈出第二步谈何容易。我曾三次委婉地向父母提出想出家修道，结果都惨遭扼杀——父亲的反应是倒吸凉气、惊愕至极，整个面部的表情异常痛苦；母亲则痛不欲生，日夜哀号，最后竟以绝食相要挟；六亲眷属则昼夜给我做工作，苦苦哀求，似乎人生最大的悲剧在我家上演了一样。

无奈，我只得鸣金收兵，暂时放下这出家梦，继续过我的世俗生活。

世人常说，学习如逆水行舟，不进则退，修道又何尝不是这样？1994年考入四川财经学院之后，在整个社会大气候的影响下，我也开始思考，从世俗角度能否找到一条通向幸福的路？心中一直紧绷的出家这根弦，此时也略微放松了下来。但找来找去，人为什么活着？人生的价值何在？像这样的问题却始终找不到答案。

在哲学家、文学家、政治家、科学家的书本中寻找，结果却发现他们自己的一生也都抱憾而终；在社会这个大课堂里找寻，除了纸醉金迷、夜夜笙歌、两眼发绿地拼命挣钱这样的景观，人们的精神世界里几乎再无其他；我又去问父母亲朋，他们的回答是：生活就是工作、成家、养儿育女。再问一句，就这么过一生吗？他们就都略带诧异地回答道：不这么过，那该怎么过？最多补充一句：祖祖辈辈都这么过，只不过生活方式随着时代变迁而略有差异，但大框架都是如此。我终于发现，父辈们乃至绝大多数人的精神都已被定格在某种程式中了，他们不想也无力突破这个程式，只能沿袭着走下去。

而佛法却早已给了我一个立足点，让我可以从高处俯瞰整个人生。在大学、社会、家庭间转悠了几年后，我终于又回到了原先的起点，只不过这次我的思想已经升华。我渐渐明白，如果你过得很苦，有人向你指出来时，却打肿脸充胖子，说"我不苦，我很快乐"，这是愚人；如果有人指出你的病根，你拒不接受，这还是愚人；如果有人想把真正的幸福安乐之法传授给你，你却扭头就跑，这更是愚人。佛陀早就宣示过"苦、集、灭、道"之理，我为什么还要当这样的愚人？

有了这样的信念，我对未来详细地算了一笔账：父母对我确实付出很多，但由于人情淡漠、物欲无底，恐怕日后我也只能顾及妻子儿女，父母恩情又从何报起？而如果出家，这不可思议的功德定可回报父母；在当今社会，不营私舞弊、投机钻营，想过好日子就无有是处，但这么做必定会积累后世感受无量苦报的因，而出家则可避免与社会同流合污；自己本来就烦恼重重，在现在这种社会风气下，要想洁身自好实属不易，稍一失足，就可能造下杀盗淫妄等诸多恶业，而出家则可借助戒律，从外到内逐渐达至自性的戒律清净。

这样想清楚之后，我便在朝礼宝光寺、文殊院、昭觉寺时，在三宝前庄重发下清净誓愿——无论碰到多少违缘，我都必须出家，否则，只顾眼前恩爱缠绵，我将永远无法出离苦海。愿代受父母因我出家而感受的痛苦，并祈请三宝加持他们，千万别因阻挠我出家而造下弥天大罪。

人在困顿的时候，因为把全部的心念都专注在诸佛菩萨身上，就很容易感应道交。我一面奋力祈请三宝加持，一面千方百计做好父母的思想工作。精诚所至，金石为开，终于父亲来信同意我出家了。接到信函，我百感交集，一方面感恩于诸佛菩萨的恩泽，一方面更发愿今后不管顺境、逆境，誓死不离三宝。否则，别说突出重围，就连一个小关卡恐怕都难以突破。

在解除了自身的障碍、来自家庭的障碍后，现在的我终于得以在佛学院享受佛法的安乐。要想战胜自己的无明与贪执，战胜来自各方面的违缘，就必须抱定杀出一条血路的决心，否则，只能半途而废。

江水不可倒流，节节败退的结果，必然是连立锥之地都会丧失殆尽。到那时，就只能乖乖地做俘虏了。

　　决战岂止在战场？在生命的每一个瞬间，我们都在与无常搏斗，都在与自心较量，都在与外境抗衡。

　　重重叠叠的困难、迷惑、贪执、无明、业力、因果、习气等，交织成一张束缚之网。是作茧自缚、画地为牢，还是冲破障碍、迎接光明？圆当的努力给我们提供了一面很好的借鉴之镜。

> 经商、旅游、从政……马不停蹄的奔波
>
> 勾起了我的无限欲望。若干年后，
>
> 我对一切都疲厌了，而烦恼依旧、痛苦依旧。
>
> 看来我不能只做这种人去楼空的买卖。

别弄丢了你的西瓜

认识圆逆是在1993年。

之后的八年中，我对她总有一种由衷的赞叹：每周六她都会组织一批善男信女在成都放生，从皈依后直到出家前，几乎从未间断。在经济浪潮汹涌澎湃的今天，不说其他，就是佛教徒中又有几人能做到像她这样？

这些年，不知有多少生命经她之手得到救护。

我对她的了解和信任与日俱增。记得有一次，大家放生回来在她家稍作休息。天气闷热，圆逆善意地打开了空调，于是在一阵阵的凉风轻拂中，我随意问起了她的学佛经过。因为记得她曾向我稍稍吐露过，她以前是不信佛的。

话匣打开的时候，也开启了一段鲜活的记忆，是我没有想到的繁花似锦和五味杂陈。

我成长于20世纪50年代，家庭背景既非巨贾富豪，也非达官显贵，但因父亲是习武行医之人，又在某个省级单位工作，收入也还可观。父母对我们几个子女倾注了全部的爱，以至我在"少年不识愁滋味"的甜水中长大，在同龄人中颇有点大哥大姐般的自豪感。

俗话说："天有不测风云，人有旦夕祸福。"谁也没有想到，一场无情的烈火会将我们家毫不留情地焚毁，父母积蓄多年的财产转眼成空。祸不单行的是，我那年仅十岁的大姐又突患恶疾，终因医治无效而丧生。

突如其来的巨变使我们陷入了山穷水尽、困顿窘迫的境地。昔日宾客满门、不请自来，而今却形同陌路，唯恐避之不及，真应验了"人情似纸张张薄"的古话。父母在一连串的打击之下，精神几近崩溃。父亲曾感慨地说道："凡事靠自己，万事不求人；吃得苦中苦，方为人上人。"在这样的激励中，我暗暗下定决心，一定要发奋学习。

1963年至1976年的动荡年代，我断断续续地完成了从小学到高中的学业。可能是前世的宿缘赋予了我一个聪慧的头脑，使我对任何一门学科都能轻车熟路地掌握。由于品学兼优，我还被连续任命为校学生代表、红卫兵总勤委员以及市学生会委员。

记得刚上小学时，我就向往着将来能做一个了不起的人，干一番大事业，为人类做出巨大的贡献。特别是在读高中的时候，我的数理化成绩非常优异，再加上"仕途"顺利，这一切更激发了我的雄心壮志。

学生时代总是美好而令人难忘的，同窗好友欢聚一堂，各抒己见，互相交流，共同砥砺。此时的我，内心每每都会生起一种强烈的愿望：读大学，出国深造，做一名卓越的物理学家，为国争光，为民造福。

然而由于命运的捉弄，让我生不逢时地处于那个特殊年代——学生无论成绩多好，也不能直接考大学。直到恢复高考后，我才一举考入四川师大化学系，毕业后我被分配到成都市一所中学任教。由于对教育工作的投入，短短三年时间，我便取得了令人瞩目的成绩。特别是1987年，我所负责的毕业班，90%的学生都考上了中专、中师、幼师、重点高中，"优秀教师"的称号可算是名副其实了。

可我却不甘心做一辈子的教师。尽管中学时代的宏图大志已不可能实现了，但就算一生鞠躬尽瘁，最后获得了"特级教师"的最高荣誉，也远远不能抚平我心中的失落。当时教师的社会地位很低，人们的目光一致向钱看，我开始另谋出路。

在经济浪潮的推动下，我毅然决定下海经商。尽管并没有放弃教育工作，但工作态度、质量肯定大不如前。为人师表却未尽心尽职，我对自己后期的教育工作至今仍深感内疚，总觉得愧对学生。

被金钱磁力深深吸引的我，仅用了一年的时间便在商界崭露头角：从小型经营、涉足运输行业，再到承包工程、添置私车，最后还飞到北京，成功地开办了一家公司。当然在这风风火火的创业过程中，难免会出现诸多是是非非、恩恩怨怨。

也许是我目光太短浅的缘故，在正式开始发展商品经济的20世纪80年代，我竟然觉得自己已经有了用不完的钱，而我并不想成为金钱的奴隶。在我看来，挣钱就是为了享受，于是我又开始热心于如何花钱。很快，我便按自己的心愿，于峨眉电影制片厂附近建筑了一幢三层楼的别墅。不动产添置完毕，我又向"动产"领域开拓奋进。

由于我的性格比较开朗，爱好也特别广泛，尤其对旅游和摄影更是情有独钟，很自然地便加入了中国摄影家协会。在此期间，我也发表了一些作品，游遍了大半个中国的风景名胜，巴山蜀水更是不在话下，就连人迹罕至的藏区也涉足前行。当时的我没有任何信仰，是个十足的无神论者。见到藏族同胞简单、原始而贫苦的生活，自己则以幸运儿的姿态报以同情和怜悯。对于西藏这块神圣的土地，虽早有所闻，却始终不能理解，更没有想到要去揭开它的神秘面纱。

经商、旅游……马不停蹄的奔波勾起了我的无限欲望。挣钱挣到最后也无非是图个享受，享受来享受去也无非是在衣食住行这几个方面打转。拥有一幢别墅，不过是比别人多占了几平方米的活动空间；玩来玩去，除了用照相机拍下一堆风景照，在我的人生中却没有留下任何刻骨铭心的记忆。若干年后，我对一切都疲厌了，而烦恼依旧、痛苦依旧。看来我不能只做这种人去楼空的买卖。我得让不安分的心真正充实起来，我得干点"实在"的人过留名、雁过留声的"业绩"。

20世纪80年代末期，四处云游期间，我广交了各路朋友，并结识了各阶层的人士，这让我又生起了强烈的从政欲望。于是，我开始与一些重要人物八拜结义、称兄道弟，或以姐妹相认。

隔三岔五，我这帮热火朝天的朋友便要到家中来聚会，我们还常常举行音乐舞会，总之所有的活动都离不开吃喝玩乐。自小被认作"丑小鸭"的我此时也开始了自我包装：穿名牌服装、做流行发式，甚至在脸上涂红抹绿……如今看来，真是贻笑大方，也不知当时是哪根神经出了毛病，的确有点若醉若狂了。

1989年年底，我终于从教育界调入区政府的一个部门工作。虽然当时的工作非常轻松，待遇颇丰，但我仍不满足，仍在努力地按照政界朋友们为我铺设的云梯攀登，那时的我太想出人头地、光宗耀祖了。

就像经商久了令我感到疲厌一样，与这帮政界人士混久了，我也渐渐了解了他们的底细。其实，他们当中的大多数人都没有任何崇高的政治理想，完全是把"治国经邦"堕落成政治投机的一种买卖与生存之道，政客生涯是与商人赚钱谋利并无二致的一种换了形式的利己活动。

特别可恶的是，在"人民公仆"的幌子下，这些人还要把偷鸡摸狗、欺男霸女、骗吃骗喝全都美其名曰"工作需要"，这实在令我倒足了胃口。于是天生好动的我又把目光转向了别的能充实生命意义的领域。

1990年年初，一次偶然的机会让我接触到了气功，我也开始研究起所谓的人体生命科学来。

经过短期的培训，我自身也出现了一系列的改变。此时的我已对金钱、地位逐渐丧失了兴趣，一门心思投入了气功事业。不久之后，我就被纳入所谓的"传人班"进一步深造。

随着对气功研究的深入，我对宇宙、人生又有了新的认识，但更多解不开的谜团开始缠绕着我。因为道观、佛寺的气场较好，是练功的好地方，我开始出入各种名山古刹。那时我学得很杂，各宗各派的理论都想弄个明白，权衡再三，最后我还是选择了佛教，并开始恭阅佛经及部分大德的开示，此时才算初步体会到佛法的精深与博大，修炼气功时的诸多谜团也随即迎刃而解。我越学越觉得佛法深不可测，远非以我的小聪明所能通达。

这一阶段的修炼及初步接触佛门，对我后来人生观的重新确立有着不可忽视的作用。不比不知道，一旦把佛法与曾让我魂不守舍的气功对照，马上就能感觉到佛法"一法不立"的伟大与究竟。

气功要么执著在"气"上，要么执著在"死定"上，这些都是妄心乱动，与本自无生的无为状态相去甚远，还常常以神通逞奇炫异，更是背离了佛法的大机大用。真能体证佛法的"真空妙有"，则又有何物、何情可让你执著？又有哪一物、哪一种功不是妙明真心的显现？还用得着拼死拼活去练什么"阳神""气感""大小周天"吗？

1990年年底，在大善知识的引导下，我终于在昭觉寺的清定上师前受了皈依，成为一名真正的佛教徒。历来热衷于旅游的我此时更是名正言顺地云游四方，觐见大德高僧，故而对显密各宗多少都有些接触。后来在听闻大恩上师法王晋美彭措的圣名后，1993年夏我便带着女儿，与众亲友不辞而别，以无比喜悦、崇敬、虔诚之心再次步入藏区，并终于找到了此生永恒的归宿——喇荣五明佛学院。

从皈依算起，我学佛已有十一个年头了。这些年来，尽管我如饥似渴地闻思佛法，但惭愧的是，始终未能专一修持。虽然出家、在家都能修行，但我深知唯有僧众才能荷担如来家业。正如《赞僧功德经》中云："出家弟子能堪任，继嗣如来末代法。万德无量在俗人，不能须臾弘圣教。"

以前是乱摸乱撞，后来总算值遇了佛法及大恩根本上师，但由于世俗凡情所累，每次到佛学院都是来去匆匆，刚听到一点佛法的正味，家里马上又以事相勾牵，让我不得不急忙返回。

回到世俗中，正知正念立刻就像被埋藏在了阿赖耶的最底层，死活提不起来；而多生累劫的习气等无明种子，不用提及便踊跃现前。没有善知识的提点，自己又缺少精进持久的耐心，眼睁睁地看着大道，就是上不了路，即使上了路也一步三停，以这种根基，再不专一行持，解脱何时方有出期？

思前想后，反复对比衡量了在家与出家的利弊后，我终于下定决心，在2001年6月落发出家，喜着自在僧装。剃发的那一瞬间，我在心底坚定地对自己说："今后纵遇命难，我也决不舍弃上师三宝。"

很想提醒诸位知识界的朋友：不论是否相信轮回，都要开发出自己本具的"善心"，不断训练自己对他人的慈悲、爱和关怀。有了这种善心，便足以弥合我们和他人之间的人际关系，为这五浊恶世带来难得的祥和与平静。更重要的是，能让我们在面对生死时无所畏惧，也无所遗憾。

既然已在这世上播下了善心的种子，还会惧怕它不生根、不开花、不结果吗？

圆逆所讲述的故事是完全真实的，这一点从她那诚恳的语气当中就能了知。我本人非常喜欢诚实的人格以及诚实的语言。法国伟大的哲学家、文学家蒙田，其《随笔集》中有一段让我印象深刻的话：我所喜欢的语言——不论写在纸上的还是用于口头的，它们都朴实自然、简洁有力、趣味横生，既不是纤弱精巧的，也不是激越生硬的。这几句话不但适合于圆逆的叙述，也同样适合于她的为人作风与学佛气派。

大概房间里的空调也有感于她的话而陷入了深思吧，我记得当时空调的声音越来越弱了下去，以至于最后彻底不动了，房间里很快再度闷热起来……

> 整个房间显现为一朵莲花，
>
> 母亲跟着阿弥陀佛缓缓上升。
>
> 我涕泪纵横跪于佛前……

完美结局

当我要求以知识分子身份出家求法的道友，能否谈谈自己的学佛感悟时，陆陆续续就有人找到我倾吐心声，我也不时收到一些关于学佛心路的文章。

每当听到他们在世间的声色犬马中迷失的经历，我就忍不住扼腕叹息；而当听到他们终于摆脱业力的牵引，在智慧之光的照耀下重生的历程，又不禁深感庆幸。真希望他们在这条求真的路上勇敢而坚定地走下去，直至谱写出一曲美丽人生最光明的交响。

来找我交谈的人当中，有这么一位引起了我的注意，她就是圆梦。

母亲的往生，让她见证了"弥陀接引"的殊胜景象，从此改变了她的人生轨迹。

　　我是辽宁大学中文系中国语言文学专业1980级的学生。1984年毕业后一直从事高中语文教学工作，到我出家之前，整整有十六个年头。

　　我的青少年时代可谓一帆风顺。那时唯一的理想就是读书，读书的目的也从来都是为了争第一，而直到恢复高考，这个愿望才得以真正实现。

　　上大学后开始广泛接触中外文学家的思想及作品，我一下子就被老子、庄子吸引住了。他们的"无为而治"很快被我接受，而一些古代文人"穷则独善其身，达则兼济天下"的思想也影响了我，致使我在以后的人生境遇中淡泊名利，唯独醉心于中外哲学、历史、文学的涵养。在那里，我似乎找到了一个可以寄托身心的天地。

　　毕业后来到了学校，和孩子们整天待在一起。中学毕竟是一个较少纷争、相对纯洁的地方，可是十六年的教学生活，常常让我觉得力不从心，所学的知识无法说服我自己，也就更难以说服学生。

　　站在讲台上，面对孩子们那年轻纯洁的面孔，面对他们真诚寻求的目光，真是欲言又止。我无法用究竟了然的知识，来满足他们对人生的困惑。他们往往真诚而迷茫地在寻找一种除生存之外的有关生命本质的答案，可我却无法回答。此时我感到了自己阅历的浅薄，它无法使我洞悉人生的深义。

说起我的出家因缘，说来也巧，我家就在辽宁锦州一个古老寺院的对面，但我却从未走进过那扇大门。也见过许多出家人，却没能真正地接近过他们。

偶尔有一天，在书摊上看到了一本宣化上人的《开示录》，这大概可算作我学佛的起步吧。这本小册子里的话处处打动我心，尽管读起来很费劲儿。我很听话，书里说的我马上就照着做。通过这本书，我第一次知道了大悲咒，还了解了它的作用。我试着诵读，居然没几天就能背诵出来。

当时母亲胃痛，我尝试着念诵了几遍大悲咒，没想到还真见效了，这让我感到了佛菩萨的神奇。后来我又得到了一本释迦牟尼佛的传记，如获至宝、爱不释手。白天装在书包里，晚上放在枕边，有了烦恼，便翻开几页。从这时起，我开始感到自己已经离不开佛学了。

就像是佛法里讲的因缘汇聚吧，一个偶然的机会，我终于踏进了一家寺院。记得那天，一位师父在寺院门外笑脸相迎，他大概在等待他该等的人。见到我，他的第一句话就是："今天第一个来的人，与我最有缘。"事后的一切证实了他当时的话——就是这位师父带我来到喇荣五明佛学院，并接引我出家。

以后的时间里，只要有休息日，我就必须在寺院里待上一整天，不然心里会感觉空荡荡的。在这个寺院，我又遇见了一位从长春三步一拜朝觐五台山的比丘尼师父。孰料她见到我的第一句话竟是："我和你一样，没有结婚，四十四岁出家。"听见这句话，我心中一愣，似乎她触到了我内心深处的一个"结"。

事后我问自己，难道我会出家？但很快我就回避了这个问题。此时的我皈依佛门才不过两个星期。

从那之后又过了一年，当时我已去过一次喇荣了。一天，在家里念完早课，我的心情非常安乐，不自觉中就开始喃喃诵起弥陀圣号。唱着唱着，我居然跪到了佛前，两眼还流出了热泪，最后竟脱口而出："佛呀，让我早日走出三界的家宅，出家修道吧。"此话刚一出口，我不禁愕然，这是心底的声音吧？我记下了这一天，是1999年农历九月十九日。这是我发出心声的一天，也是我的心真正出家的一天。

剩下的事情就是关于母亲的安排了。母亲是20世纪30年代沈阳女师的毕业生，一生为人师，平平淡淡、与世无争，经历了中国现当代社会的各种运动。记得母亲临终前七天，我开始为她诵《地藏经》，而临终前三天，她居然自己大声呼号，祈请弥陀接引。要知道她是一生未曾念过佛，也从来没有过任何信仰的。

后来母亲火化后，骨灰里竟出现了很多舍利花。

母亲走了，她老人家获得了一种永恒。我的内心没有丝毫的留恋，反而异常平静。做完了女儿应该做的事，我开始考虑自己的后半生。自自然然地，我放下了我的学生和工作，来到了朝思暮想的喇荣五明佛学院。

当我再一次步入汉经堂，再一次念起祈祷文，再一次聆听法王、堪布的法语时，泪水止不住夺眶而出。相依为命的母亲离我而去，我没有一滴留恋的泪水，而在这遥远的圣地，我却泪流不止。我似乎找到了失去多年的家，找到了失去多年的亲人，也找到了迷失多年的自己。我清楚地意识到，这里就是我最后的归宿。

世俗生活中，周围聚拢的大多是一些所谓的"读书人"，然而在交往中，我却感受到他们的内心没有一刻的安宁，充满着纠缠不清的欲望与垢秽。但在佛学院接触到的一些出家人，却是那样的清净、平淡、安详，充满着超脱的智慧。他们绝不是曹雪芹笔下走投无路、没落至极的贾宝玉，而是一群努力探寻人生真义的大写的"人"。

我为我曾经佩服过的作家们感到叹息，又为自己不早点走到这些智者中间而懊悔。早能如此，又何必苦苦地在那些文学作品中去追寻生命的真义呢？不过这一切，也许都是因为自己福德不够吧，好在一个迟到者，终究还是上路了。

佛法以它的博大智慧与宽广爱心，吸引了无数像我这样的人来到雪域高原，来到法王他老人家身边。每当想到法王利益一切众生的不可思议的大悲愿力，我的内心就有一股潜流在冲动、在爆发。想起在世间颠倒黑白的四十余年的人生经历，想起与不明生死的人为伍的几十年，真是惭愧又懊恼。再不出离，更待何时？

披上袈裟，登上戒坛，我周身毛孔竖立，浑身颤抖不已。一种从未有过的跃跃欲试、一种神圣的使命感顿时注入心里：佛陀给予我智慧的力量，我发愿生生世世做佛的弟子，生生世世跟随法王如意宝出家修道、广利众生。

听完圆梦的出家因缘，感慨之余，不禁触发我想到这么一个问题：那些"读书人"，那些"知识分子"，到底都读了什么书，脑袋里都装了什么知识？

儒家有句格言：一物不知为耻。那么关于佛法，关于出世间的究竟智慧，这些"读书人"知不知呢？什么时候，真正的佛学精髓能出现在他们的读书目录，乃至他们的人生体悟之中呢？

愿圆梦的话，能启发知识精英们，去重新打开智慧的天窗，接纳佛法的甘露阳光。

番外：

一个皇帝的出家

——解读《顺治皇帝出家偈》

大悲摄受具诤浊世刹，

尔后发下五百广大愿。

赞如白莲闻名不退转，

恭敬顶礼本师大悲尊。

缘　　起

1987年，法王如意宝偕同一万多名藏汉僧俗，朝拜了佛教四大名山之一的五台山清凉圣境。

朝山期间，我与慈诚罗珠恭受上师之命，初次将《佛子行三十七颂》《菩提道次第摄颂》等藏地流传甚广的佛学论著翻译成汉语。在翻译过程中，捉襟见肘的汉语水平使我们费尽了周折，特别是对前所未见的汉地佛教专用词汇，我们更是一窍不通。但师命难违，我们只好硬着头皮上马，咬紧牙关坚持，翻阅了大量资料，花费了不少心血，才算勉强完成了任务。不想以此因缘，便从此一发而不可收，才有了今天与汉地众生所结下的殊胜不解之缘。

五台山向来以自然风光神奇旖旎、名胜古刹鳞次栉比而著称。

放眼四周，千山竞秀；俯视谷底，万壑争流。既有云蒸霞蔚的东台、繁花似锦的南台、明月皎洁的西台、一览群山的北台、巨石如星的中台，也有淙淙欢跃、南北穿流的清水河，更有集五台之殊胜为一体的黛螺顶，以及堪称五台山标志的塔院寺等。然而，在令人眼花缭乱的众多胜景中，我却对善财洞情有独钟。

如果要问及我偏爱善财洞的缘由，还得从法王如意宝面见文殊菩萨一事说起。在朝拜圣山期间的1987年4月29日，也即宁玛大德麦彭仁波切的圆寂日，文殊菩萨显现于在此闭关修持的法王如意宝身前。法王如意宝欣喜万分，情不自禁以金刚道歌的形式，代弟子们抒发出内心的欢悦、净信与誓愿："离尘空性界相一味之，周遍虚空智慧金刚身，见而无厌相好妙龄具，顶礼示现童相之汝尊。犹如无怙幼儿依恋母，以厉信心引发焦渴情，日日夜夜寻觅然未觐，汝之尊身此前何处隐？如今偕同逾越万计众，迢迢千里不辞诸艰辛，因念唯一依怙至此地，岂敢舍弃慈爱大悲藏？呜呼吾等可怜诸众生，趋入难忍轮回之牢狱，业惑铁镣无间紧相缚，善念远离此情可洞悉？若已察知以悲所生力，二取三有迷现令无余，如同梦魇惊醒之现境，等性大乐之中而灭寂。汝乃诸佛事业实施者，此为累劫之前得授故，以大圣教无垢日月光，令众生福遍满虚空界。现今祈祷愿能得加被，吾若为救普天之有情，立誓天长地久永精进，则与仅一父汝等缘分。自此乃至生生世世间，愿与汝尊刹那不离分，普贤菩萨诸行大愿王，所有胜义妙果皆现前。"随后，弟子们将此道歌以藏文、蒙文以及汉文三种文字缮写在该洞内，并塑造了法王、文殊菩萨以及善财童子的三尊庄严身像。自此以后，善财洞就成了法王弟子朝拜五台山的必到之地，也成了我心中的一份牵挂与情结。

据当时的同行者介绍，善财洞不仅是善财童子拜见文殊菩萨的圣地，也是清朝顺治皇帝的修行地。我生平第一次看到顺治皇帝的《出家偈》（也称《归山词》），就是在善财洞。据说，这首《出家偈》以前一直书写在善财洞上院正殿的山墙上，"文革"期间随上院的被毁而消逝。这首出自于皇帝之手、将出离红尘之心宣泄得淋漓尽致的隐世偈文，道出了即使已经身为出家人的我也未能体悟、未能感知的心境，使我对世间的浮眼烟云更生出一层厌离。赞叹之余，不由得感慨万千。

遥想当年，释迦佛祖舍王子之身而求菩提一直被世人传为佳话；纵横古今，大清顺治弃皇帝之位而入空门也在中原视为美谈。众所周知，虽然青藏雪域是佛法兴盛的地区，但迄今为止，皇帝削发出家为僧的事情却是闻所未闻。虽然汉地出过家的其他皇帝不在少数，比如，梁武帝也三次舍身同泰寺；唐朝武则天二十六岁时曾经在感业寺削发为尼；唐宣宗为了躲避武宗的杀害，也曾隐遁寺院出家为僧；明太祖朱洪武（朱元璋）青年时期曾在皇觉寺出家为沙弥；明建文帝为了逃避燕王之难，曾在寿佛寺出家，法名应能……

这些皇帝在还俗登基之后，仍然对佛教青睐有加。比如，武则天在一揽国政、荣登皇位之后，也是对佛教尊崇备至，华严宗的贤首法藏、北宗禅的神秀，都被武则天敕封为国师，六祖惠能大师也受过她的礼敬。她不但撰写了开经偈"无上甚深微妙法，百千万劫难遭遇，我今见闻得受持，愿解如来真实义"，并且敕令开凿敦煌石窟，该窟中闻名遐迩的弥勒佛石雕，就是在她继位期间完成的。

还有唐宣宗黄袍加身之后，为了报答黄檗希运禅师的恩德，特地敕谥黄檗禅师为"断际禅师"，并且大力复兴佛教，使佛教在历经劫难之后，重整旗鼓，再度呈现出一派欣欣向荣的气象。

虽然他们与佛教都有着甚深的渊源，但真正以出离之心出家，并且善始善终的，唯有顺治皇帝一人。尽管另有世人传说，顺治是因为深宠的董鄂妃之死，才悲观厌世、遁迹空门，前往五台山出家为僧的。而在《顺治皇帝御制董鄂后行状》《清实录》《清史稿》《茆溪语录》等史籍中，又有顺治皇帝虽曾有意为僧，却出家未遂的记载。但为世人所公认的，仍是顺治皇帝出家一说较为可信。无论如何，该《出家偈》中所流露出来的超然出世、遁隐回归之心，却是值得后人称道的。

可能是孤陋寡闻的缘故，我至今尚未发现一篇完整解释本偈的文章。虽曾有意做一简释，但转念一想，一来汉地人才济济、高手如云，轮不到我这个对基本汉语尚未读透的初学者来越俎代庖、班门弄斧；二来本偈音律朗朗上口、文字通俗易懂，再徒劳唇舌地做一番解释，也许是多此一举。故将此事暂时搁置于一旁，并随着忙忙碌碌的每一个日子而逐渐淡忘。

直至前几天多位汉地道友不约而同地前来就此偈中的问题进行探讨，才使我在钦佩之余，再一次意识到：对于大多数文学功底、历史知识稍欠的同道而言，要想更深一层地领会此文中的所有内涵，还是具有一定难度的；对于那些博古通今、文学素养深厚的具慧之人而言，如果能以现代生活为起点，借鉴汉传佛教的观点，并引用藏传佛教的一些教证，从另一个视角来对此偈做解释，让更多的人能够全方位地了解此偈，还是有一定必要的。故忍不住旧念复萌，想借此机会与诸位切磋一番，以便能起到指点门径、抛砖引玉之效。

因本人见识浅薄，文中难免有望文生义、自作聪明之嫌，若有不周之处，还望各位同修指正。

有一点需要说明的是，可能因为年代久远、传承各异的缘故，该偈流传至今，已经有了大同小异的不同版本，此处采用了其中文字较多、流传较广的一种版本。

释　文

天下丛林饭似山，

钵盂到处任君餐。

黄金白玉非为贵，

唯有袈裟披最难。

普天之下的丛林寺院，拥有着堆积如山的饮食，只要手托钵盂，便可以任意享用。黄金白玉并不是稀奇珍贵之物，只有披戴袈裟、剃度出家，才是世上最高贵、最难得的选择。

《悲华经》云："往昔佛陀曾如是发愿：吾之教法中身着四指法衣、袈裟者，若未能遂意而得饮食，则我已欺诳如来，故我不得成佛。"又云："所有在家众，指甲上耕耘，吾之出家僧，生活无贫困。"承蒙释迦佛祖的加被，皇天后土之间，古刹丛林、禅院道场可谓星罗棋布，其中的出家修道之人安然平静地享受着衣食无忧的自在生活。虽说是粗茶淡饭，但也有钟鸣鼎食之盛；虽说是"坏色之衣"，却胜过了朝廷的红黄之袍。

出家人只需手托钵盂，便可随心所欲地云游参学。所谓"一钵千家饭，孤身万里游"，就活脱脱地描绘了出家僧人的自在生活。多么洒脱逍遥，多么安闲悠然，怎不令人钦羡渴慕，怎不令人心驰神往？

然而，以"金钱至上"为准则的世间拜金主义者们，却将黄金白玉奉为万能的圣灵。但我们应当清醒地意识到，黄金白玉只能买来短暂的物质享乐，不能买来健康的身体、诚挚的友情、和融的亲情、健全的心态，更不能买来仁慈的善心、自在的心境、来世的安乐、永恒的解脱。如果金钱是万能的，为什么腰缠万贯的富翁会在难以承受的病痛中命丧黄泉？如果金钱是万能的，为什么身家过亿的明星会将自己的金贵之躯捐弃于摩天大楼之下？如果金钱是万能的，为什么跨国集团的拥有者会在对手的暗害中含恨而死？……

全知无垢光尊者云："多世曾为三界主，身披袈裟唯今世。"虽然在流转轮回的历程中，我们已经多世转生为三界的领主，但身披袈裟的机会却是难得一遇的。所以，以修道者的眼光看来，世间最宝贵的物品，莫过于披搭于身的袈裟。

"袈裟"一词，是梵文Kasdya的音译，也可写作"迦裟"，意即坏色。因僧衣避免使用八正色[1]，而用似青、似黄、似赤、似蓝等不正之色而得名，故又称缁衣。

---

[1] 八正色：即指不宜作为染着出家人衣服之八大正色。包括黄丹的橘黄色、天青的深蓝色、胭脂的紫红色、银朱的朱红色、红花的紫黄色、茜草的大红色、甘草的黄黑色和红芙蓉的深黄色。

古代丛林，僧众出外云游参访，必须具备衣单和戒牒才能到寺院挂单。《敕修百丈清规》云："将入丛林，先办道具。"所谓"道具"，即指资生办道之具，包括三衣一钵等头陀十八物[①]。其中的三衣，即指九条衣、七条衣、五条衣等三种袈裟；所谓"一钵"，即指从释迦佛时期传承至今，用作乞食的钵盂。

在南传佛教盛行的东南亚各国，至今可以见到出家人身披袈裟、手托钵盂，出外行乞化食的身影，这种清净无染的行为，很容易令旁观者生起信心。1999年我去泰国的时候，就曾被眼前的这种场景深深地打动过。

三衣一钵既是出家人的形象特征，也是出家僧众受戒时不可缺少的僧物。无论是三衣或钵，都代表着清净无染的僧团，标示着遗世独立的人格，象征着至崇无上的地位。

据《付法藏因缘传》记载，摩诃迦叶将入涅槃时，手捧佛陀所授的衣钵，入鸡足山敷草而坐，等候弥勒菩萨降生成佛，再将佛陀衣钵传与弥勒；禅宗初祖达摩由印度东来时，也将衣钵传给二祖慧可，以为法脉相传的证物。自此以后，禅宗各祖师徒间以心印心的传法，就是以衣钵相赠作为标志，所以称为"传衣钵"。由此可见，衣钵在释迦牟尼佛教法中，的确具有不可取代的地位。

袈裟又称"福田衣"，身披一肩袈裟，手托一口钵盂，就可以称之为世间的福田。晋朝慧远大师云："袈裟非朝宗之服，钵盂非廊

---

① 头陀十八物：包括三衣、钵盂、杨柳枝、澡豆、水瓶、坐具、锡杖、香炉、奁、滤水囊、毛巾、刀子、火燧、镊子、绳床、经律、佛像、菩萨像等。

庙之器。"可见袈裟钵盂之珍贵。袈裟的宝贵，并不在于它有形的价值，而是因为袈裟所代表的出家僧众之责任——绍隆佛种、彰显圣教、弘扬佛法、普度众生。

出家人义无反顾地牺牲了小我之利，而将此身毫无保留地奉献给三界众生，为苦难有情消灾解殃、祈福化难，是诊治轮回痼疾的医王，是渡越三有苦海的舟子，是趋往解脱宝洲的商主，是斩断烦恼荆棘的樵夫。能够身披袈裟，实在是无上的荣光。

《三摩地王经》云："谁舍犹如火炭坑，亦弃所爱子与妻，以恐怖心而出家，不难获得胜菩提。"又云："何人数俱胝劫中，承侍恒河沙数佛，不如生起出离心，真正出家更殊胜。"星云大师也云："发心出家最吉祥，割爱辞亲离故乡，天龙八部齐夸赞，求证慧命万古长。"

总而言之，身披袈裟、剃度出家，的确是黄金白玉、名声威望等世间荣华富贵所不能交换的大福报。

> 朕为大地山河主，
> 忧国忧民事转烦，
> 百年三万六千日，
> 不及僧家半日闲。

我虽然统领主宰着大片的江山国土，却不得不为忧国忧民而日理万机。在人生百年三万六千个日日夜夜中，都不能安享出家人半日的清闲。

古代皇帝往往自称为"朕"。其实，"朕"在先秦时代只是"我"的意思，并不代表皇帝或者天子。比如，屈原在《离骚》篇中，就以"帝高阳之苗裔兮，朕皇考曰伯庸"而自称为"朕"。蔡邕在《独断》中也云："朕，我也。古者尊卑共之，贵贱不嫌……至秦天子独以为称。"由此可见，"朕"字是在秦始皇之时，才被定为皇帝专用名词的。

身为一国之君，虽然享有着至高无上的权力，享受着诸侯之邦的礼遇，却不得不为国家的安危，百姓的疾困而操劳。在被百姓拥戴为王的一生当中，又有哪一天能够享受出家人逍遥安闲的生活呢？正如范仲淹所云："居庙堂之高，则忧其民……"作为君主，只能责无旁贷地"先天下之忧而忧，后天下之乐而乐"。除此之外，又能有什么样的选择呢？

无论大小，任何一个国家，都面临着各种各样的内忧外患。外有邻国的出兵宣战，内有叛乱的公然挑衅，而在朝廷内部，为了争夺自己的大权，为了侵占他人的利益，钩心斗角、尔虞我诈的一幕就上演得更加精彩。再加上天灾人祸的频频降临，后宫内院的争风吃醋，红颜知己的撒手西行……这一切，怎能不让烦闷交加、渴望解脱的顺治，生起逃遁厌离、削发出家之心呢？

来时糊涂去时迷，

空在人间走一回。

当凡夫众生投生人世的时候，是跟随业力的牵引，不由自主、稀里糊涂而来的；当凡夫众生因死亡而离开人世的时候，也是懵懵懂懂、迷迷糊糊而去的。如果在临终之际尚未有一点醒悟，就枉自在人间溜达了一圈。

暇满人身，得之不易；天地人寿，变幻无常。有道是："方春不觉来朱夏，秋色蝉鸣翠影斜。夜来风急柴扉破，满地霜铺落叶花。"自然界的万事万物总是瞬息万变，生存于斯的人类也不能超离无常的本性，时时刻刻都在奔向死亡。

自古以来，有多少人八方寻觅着长生不老的仙丹，又有多少人梦寐以求着青春永驻的妙药，但这一切愿望最终都化为了泡影。在大限来临之时，无情的死主不会讲任何情面，无论你是皇亲国戚、富豪大亨，还是白丁百姓、乞丐贫民，都无一例外必须接受阎罗的裁决。

在此奉劝各位，虽然我们不能选择自己的过去，却可以定夺自己的未来。在获得人身、值遇佛法的千载难逢之际，我们必须精勤勇猛地修持，以获得增上生、决定胜的安乐。如果还不能醒悟，又浑浑噩噩地将此万劫不复的人生空耗，在死到临头的时候，仍然对前程一无所知，最后还是在迫不得已的情况下，茫然而不知所措地离去，就实在是太可惜了。

全知无垢光尊者在《大圆满心性休息大车疏》中也云："何者转生为人时，倘若不勤修善法……则无比其智劣者，如自宝洲空手返……无义虚度暇满身，故当恒修寂灭法……此寿无增恒衰减，死缘众多生缘微，时不待我当紧迫，自即日起勤修法。"在生而为人的此际，我们一定要抓住机遇，千万不要错过了这出离轮回的大好时机。

未曾生我谁是我？

生我之时我是谁？

长大成人方是我，

合眼蒙眬又是谁？

在我尚未出生之际，究竟谁是所谓的我呢？正当我降生人世之时，所谓的我又是谁呢？如果现在长大成人的我才是所谓的我，那么在合眼蒙眬、进入梦境之时，所谓的我又究竟是谁呢？

即使没有接触过佛法的世间人，只要不是昏天黑地、如同旁生一般的混世之徒，都会产生类似这样的疑问。只不过有的人刚刚接触到这个问题的苗头，就因为懒惰或者恐慌而匆忙地回避了，而有的人却以追根究底的精神，深思熟虑、苦苦求索，最终通过佛陀的指点，从而获得了解脱。其实，这些问题也是趋入"人无我修法"的绝妙途径之一。

凡夫众生始终执著于有一个实有的我，我们可以对此驳斥道：既然我是实有之法，就应当恒常不变、始终存在。那么请问，在你们所谓的"我"尚未出生之际，究竟谁是所谓的我呢？既然所谓的"我"尚未出生，就不可能存在。

还有，正当所谓的"我"降生人世之时，所谓的我又安在呢？因为所谓"降生人世之时"，根本不存在。任何一个能够存在的时间，都必须归属于过去或者未来，要么是尚未降生，要么是已经降生，根本没有第三种情况的立足之地。因此，所谓"降生人世之时"无法安立。

　　如果承许现在这个朝气蓬勃、血气方刚的青壮年才是所谓的
"我"，我们又可以反问，究竟这个青年或者壮年的哪一部分是
"我"呢？是头部、躯干，还是四肢？是皮肤、骨骼，还是肌肉？
无论答案是哪一种，我们都可以进一步追问，这些部分又可以分为
上、下、左、右、前、后，其中的哪一部分又是"我"呢？就这样
紧追不放，直至最小的无分微尘，我们都始终无法找到一个所谓的
"我"。这种抉择方式，与麦彭仁波切所著的《观住轮番净心法》
中"血肉骨骼髓及脂，皮脏诸根与支分，便溺虫发指甲等，所有不
净之诸物。地等诸界之聚合，各各复分多种类，彼等所有存在法，
究竟析至微尘性。一一次第分辨时，观思何者可生贪，除此零散不
净物，所谓之身别无余"的剖析方法，有着异曲同工之效。

　　既然在现实生活中都找不到所谓的"我"，在合眼蒙眬、进入
梦境之时，所谓的我又怎么可能存在呢？由此可见，所谓的"我"
根本不存在。仅由此偈，顺治皇帝剖析人生、探讨无我的见地之深
也足可见其一斑。

　　抉择人无我，还有数之不尽的诀窍，大家如果有兴趣，可以参
阅这方面的佛学专著。

不如不来亦不去，

也无欢喜也无悲。

　　不如既不来也不去，这样就既没有当初的欢喜，也没有后来的悲
哀了。

虽然在胜义谛中，众生既没有来，也没有去，既没有欢喜，也没有悲哀。一切都是空性，一切都是寂灭离戏之法。《中论》开篇的"不生亦不灭，不常亦不断。不一亦不异，不来亦不去"，也一针见血地指出了这一点。

但是，在世俗名言中，因为前世业力的牵引，因为无明的染污，任何凡夫众生都别无选择地要有来有去，要流转轮回，要承受苦苦、变苦以及行苦的困扰。其中所谓的"变苦"，就是指因前面的欢乐而引发出后面的忧伤，在快乐当中隐藏着悲哀的一种痛苦。六世达赖喇嘛仓央嘉措的一首道歌，就恰如其分地描述了这种变苦：如果不曾相见，人们就不会相恋。如果不曾相知，怎会受着相思的熬煎？

每个人在一生当中都有过自以为甜蜜的经历，比如饱餐了一顿美味佳肴，结识了一位有缘知己，度过了一夜美好良宵，感受了一段黄粱美梦……但在短暂的幸福之后，等待自己的却往往是数目惊人的账单，知己好友的背叛，相聚之后的分离，梦醒之后的怅然……而以前的一切欢乐，都只能变成一种回忆。由此可见，变苦的确是任何一位流落尘世的凡夫都无法逃避的痛苦。

尽管顺治皇帝在此也流露出不愿流落人世、不愿承受世间喜怒哀伤的念头，但是，除非是来去自在的菩萨，那又另当别论。否则，作为被业力绳索捆缚的凡夫，又怎能做到不来不去、不喜不忧呢？千百年以来，无论外道的苦行者，还是科学的探索者，有不少人甚至为此付出了生命的代价，却没有任何一个佛教之外的学科或者宗教找到了从根本上斩断轮回的有效方法。

只有大慈大悲的佛陀，才为我们指出了一条彻底摆脱轮回的光明大道：要想真正的不来不去，要想真正的不喜不忧，就必须消灭无明。正是以无明为因，才会导致后来的行、识、名色、六入、触、受、爱、取、有、生、老死，这就是令众生流转轮回、承受痛苦的十二缘起。只有通过修持证悟空性，让轮回之因的无明彻底化为乌有，才能灭除后面紧跟而至的一系列程序，打碎十二缘起的链条，让轮回的现象不再重演，这就是十二缘起的还灭。

顺治皇帝在此偈中，通过自己不情愿投生轮回的厌离之情，向我们揭示出红尘世间的无可奈何，也间接地引出一个颠扑不破的道理：不来不去、不喜不忧的唯一途径，就是抛却尘世，修持无上菩提。

悲欢离合多劳意，
何日清闲谁得知？

人世间的悲欢离合，是多么消磨人的意志啊。又有谁知道，何年何月，我才能得到一份清闲呢？

三界六道，犹如熊熊烈火盛燃的炭坑。且不论惨不忍闻的地狱之苦、饥渴难耐的饿鬼之苦、受役遭戕的旁生之苦，即使转世于六道之中堪称善趣的人道，也不能逃离"生、老、病、死、怨憎会、爱别离、求不得、五阴炽盛"的人生八苦，不能躲避悲欢离合的折磨煎熬。

生际必死、合际必分、聚际必散、高际必堕，描绘了世间层出不穷的不如人意。相依骨肉，天各一方；互憎冤家，狭路相逢，道出了人生不可逆转的万般无奈。日到中天，就必然趋于西落；月至圆满，必将会逐渐亏缺。连名扬古今、才华横溢的苏轼都禁不住哀叹道："人有悲欢离合，月有阴晴圆缺，此事古难全！"诗人席慕蓉也禁不住抱怨："为什么／欢乐总是乍现就凋落／走得最急的都是最美的时光？"

世事尘劳，无休无止；你死我活，冤冤不解。热衷名利之人，有谁甘愿抽身世外、恒处卑位？追求财禄之徒，有谁能够唾弃钱帛、视金如粪？争夺疆域之士，有谁宁肯铸剑为锄、息事宁人？所有的答案都是否定的。既然如此不愿舍弃，那么，世人朝思暮想的那种"静闻钟鼓响，闲对白云村"的清闲，也只能遥遥无期了。

世间难比出家人，
无牵无挂得安闲。

世间的人们是难以与出家人相比的，因为他们无牵无挂，所以能拥有一份安乐与清闲。

"人在江湖，身不由己。"既然身处世间，就难免会为纷繁琐碎的世事所困扰，被日益泛滥的欲望所牵引。朝廷命官有恐失乌纱的担忧；黎民百姓有惧怕饥寒的顾虑；大亨巨贾们昼夜盘算着吞并对手的计谋；小商小贩们时刻算计着蝇头小利的进项；即使初涉世间的学童，都不得不为升学赶考而悬梁刺股、目不窥园……

"劳生唯有僧无事，若悟真乘老更闲。"普天之下的芸芸苍生，只有出家僧人才能做到闲静无事，如果能了悟真如实相，就能越发任运自如、海阔天空。因为出家人抛却了世间的功名利禄、情爱天伦，安分守贫、清心寡欲，才能如行云一般飘逸，似流水一般舒缓。

"住亦无求去亦闲，飘然到处是家山。"正是因为出家僧人的无拘无束、无欲无求，才能拥有白眼世事沉浮、笑对人生起落的安闲心境。"衣单两斤半，随身十八物"的说法，也形象贴切地形容了出家人随意简朴、不受物役、不为境累的心态。

南朝梁慧皎的《高僧传》中云："且披袈裟、振锡杖、饮清流、咏般若，虽公王之服，八珍之膳，铿锵之声，炜晔之色，不与易也。"这句话的意思是说，如果能身披袈裟、手持锡杖，痛饮山涧清流、咏颂般若之音，即使公子王孙的官袍、山珍海味的美馔、铿锵悦耳的仙乐、光彩华丽的容貌，也决不与之交换。这段斩钉截铁的道白，一语道破了出家人安贫乐道、悠闲自在，不以物喜、不以己悲的宽阔胸怀。

口中吃得清和味，
身上常穿百衲衣。

口中吃着清淡平和的美味佳肴，身上时常穿着"百衲衣"。

因为袈裟是以多块零碎布片缝缀而成，直领敞袖，穿着时覆住左膊，掩于右披，另在右肩下拖一圆环，用以扣搭，所以又称"百衲衣"。现在多用来形容缀满补丁的僧衣。

出家人每天品尝着延年益寿滋补美颜的蔬菜瓜果、大豆蛋白，既没有伤害他众性命的业债，也没有肉食毒素的侵扰。这种草衣木食的世外闲人生涯，的确是给个神仙也不愿交换的美差。

虽然在节衣缩食、物资匮乏的年代，"身穿的确良，口啖回锅肉"是很多人心目中的梦想。但随着物质财富的日益丰富，随着化纤织物地位的一落千丈，随着肉食危害的逐渐曝光，在崇尚回归大自然的现代社会，布衣素食又成了时尚的标志。君不见，有多少时髦青年，身着缀满补丁的"百衲衣"招摇过市？有多少社会名流以茹素戒杀的行为，博得了民众的拥护？

只有清和素净的天然之味，才能培植孕育出"和光同尘，遁迹市廛""雪夜煨芋谈禅"的心境，才能体味到"卷衲消寒木，扬帆寄断云""山窗听雪敲竹"的场景。要陶冶心胸，必须具有宁静淡泊的心态；要脱离物累，必须具有高洁超然的品格；要明见心性，必须具有清澈沉寂的意境。如果能具备清高的意趣，远大的志量，贫贱岂能移？富贵岂能淫？威武岂能屈？

五湖四海为上客，
逍遥佛殿任君嬉。

无论走遍五湖还是四海，出家人都是最尊贵的上宾。如果能做到了无牵挂，逍遥自在，则可以任凭你在佛殿中随意嬉笑。

因为出家人唾弃了世间的功名利禄，或者隐迹潜踪，过着枕山栖石、吟风弄月，犹如鸢飞鱼跃般的生活；或者云游四海，过着浪迹天涯、处处为家，恰似行云流水般的岁月；或者寄身禅房，过着暮鼓晨钟、六根清净，如同清风明月般的日子。

"五湖四海尽曾游，自在纵横不系舟。""寄迹五湖外，萍蓬四海间。"从这些禅诗的字里行间，无不随意自在地向我们勾勒出云游僧人飘逸出世的道骨仙风。

有一点需要提醒诸位，以上说法都是针对身心获得自在、境界高深的成就者而言的。在没有达到一定境界之前，最好不要以云游参学为名而东奔西荡、四处游走。

在出家人行住坐卧四种威仪中，以修习寂止胜观、生发无漏智慧为主的"坐"还是最重要的。要知道，除了少数利根者之外，对于大多数人而言，一切以修所证之功德妙用，都是从定而发的。如果离开了修养身心的禅定，又怎么能够获得身心的自在呢？

正如五代时期的招庆省僜禅师所云："四威仪内坐为先，澄滤身心渐坦然。"如果身心没有抵达坦然自如、沉寂湛然的境界，又怎么能面对外境如如不动、心如止水呢？连在临济宗举足轻重的汾阳善昭禅师都摇头晃脑地唱着："闭户疏慵叟，为僧乐坐禅。"更何况初入佛门之人呢？只怕在遭遇纷然喧闹之外境时，定力欠缺之人根本无从掌握住自己的牛鼻绳，最终只能被外境牵着鼻子走。至于"假使铁轮顶上旋，定慧圆明终不失"的坚定意志，就更是无从谈起了。

至于"逍遥佛殿任君嬉"的说法，也是指因为出家人抛却了世间红尘的牵绊，所以能逍遥自在地在佛殿中闻思修行，使心田得以蒙受佛法甘露的滋润，自然是法喜充满、愉悦舒心。而不是指薄地凡夫可以将圣洁庄严的佛殿当作恣意逍遥、任随嬉戏之地。

所以，在没有证达万法平等之前，切不可逾越规范、肆意放荡，做出践踏佛殿、亵渎三宝、蹂躏佛门的疯癫行为来。要知道，无知的无畏与彻悟的无畏有着天壤之别，如果不谨慎地加以取舍，只怕有一天自己不幸因此而惨堕地狱还浑然不知，那就再可怜不过了。

> 莫道僧家容易做，
>
> 皆因屡世种菩提。
>
> 虽然不是真罗汉，
>
> 也搭如来三顶衣。

不要以为出家是轻而易举之事，所有能享受出家福果的人，都是因为在多生累劫中培植了不可估量的菩提善根，才能获得现世的出家因缘。即使没有证达阿罗汉的果位，也能披搭如来所传的三衣。

《大智度论》云："孔雀虽有色严身，不如鸿雁能远飞。白衣虽有富贵力，不如出家功德胜。"《菩萨本生鬘论》中也云："出家之利，高于须弥，深于巨海，广于虚空，所以然者。由出家故方得成佛，三世诸佛未有不因舍家出家成佛者也。"

虽然出家具有如此巨大的意义，但能够哪怕在一刹那间生起出家之念的世间人，也是微乎其微的。即使生起了偶尔的出离之心，但其中的大多数人也会因为业力的制掣而无法出家。人身难得，以此难得人身出家修行，就更是难上加难。只有在生生世世中积累栽种了不可思议的菩提妙种，才有可能获得出家的机会。出家人的崇高地位，即使梵天帝释、转轮之王也无法企及。因此，我们千万不要错过了这千载难逢的时机，辜负了这至尊至贵的僧衣。

但是，据说在世间很多小说、电影的描绘中，时常会有这样的一幕：某人在生意受创、婚姻失败、家破人亡的时候，就会在众人怜悯的目光中，声泪俱下地宣布："我要出家。"最终的结局，却常常是主人公卧薪尝胆之后东山再起，历经艰辛之后皆大欢喜，劳燕分飞之后鸳梦重温……这些错误荒唐的诱导在世间人的潜意识中，已经形成了一个固定的思维模式——出家只是一种如同儿戏般地、暂时地逃避现实。至于出家人济世救难、度脱众生的神圣形象，已经很难在人们心目中占有一席之地了。

但是，圣洁庄严的寺院丛林，不是情感受挫的抚慰地，不是阻挡怨敌的避难所，更不是重出江湖的练兵场。《十轮经》云：出家僧相，乃秽恶世间清净幢相。出家人沅茝澧兰般高洁的清净形象，是容不得愚昧无知之人去随便玷污、任意糟蹋的。作为有智之人，应当发自内心地对出家人生起崇敬之情。

《围炉夜话》中云："肯救人坑坎中，便是活菩萨。能脱身牢笼外，便是大英雄。"如果能生出真实无伪的出脱三界牢笼的出离心，以及救度众生于轮回坑坎的菩提心，能够严守清净无垢的戒律，纵然不是三毒永尽的阿罗汉，也有披搭起如来三衣，成为三界供养之境的毋庸置疑的权利。

兔走鸟飞东复西，

为人切莫用心机，

百年世事三更梦，

万里江山一局棋。

　　尽管兔子飞鸟为生计而东奔西跑，却最终逃不出网罟的困缚、猎枪的袭击。生为有头脑的人，就应当以此为借鉴，千万不要为了钻营牟利而费尽心机。百年人生犹如一场梦境，万里江山也只不过是一盘棋而已。

　　自然界的动物们往往会有人类所无法理解的习俗——兔子喜欢上蹿下跳、鱼类①偏爱洄游产卵②、蜜蜂终生辛勤采蜜、候鸟忙于南北迁徙。

　　有位道友曾经给我描述过这样一段细节：我曾看过一部轰动一时、备受赞誉的纪录片——《迁徙的鸟》（或叫《鸟与梦飞行》），全片一百多分钟，拍摄的全部都是各种候鸟往来迁徙的过程。其中有的候鸟在一年当中要飞行上万英里的距离，其中的困苦艰辛不用描述大家也可想而知，更何况在跋涉穿越途中时常不幸遭遇猎人偷袭的境遇？记得当时一起观看影片的好几位道友，都因枪声过后，飞

---

①　鱼类：包括鲑鱼、鳟鱼、金枪鱼、青海湖湟鱼等都属于洄游性的鱼类。

②　洄游产卵：很多生殖洄游的鱼类在刚一出生之际，便跟随鱼群顺流而下，长至壮年后，又开始溯流而上。在即将回到当初出生的产卵区时，便开始了繁殖后代的工作，有的鱼类甚至因此筋疲力尽而死。在加拿大的西海岸，大批鲑鱼因洄游而死的情况，已经成了引起世界关注的一种生态现象。随着近年来河道的逐步干涸，个别不懂生态之人盲目兴建水库电站项目，导致很多鱼类因丧失洄游环境而开始濒临绝迹。这不能不算是一种令人悲哀的现状。

雁坠落、羽毛横飞的情节而唏嘘不已。看完影片以后，大家都情不自禁地开始为动物们的忙碌辛劳、执著坚持而感慨万分……

的确，在人类看来，像候鸟这样不畏艰险，将一生的精力都用于疲于奔命实在大可不必；像鱼类一般逆流而上，舍身弃命地洄游产卵也的确令人同情；兔子的行为值得嘲笑，蜜蜂的辛劳愚蠢至极。但我们又何曾想到，它们的这些行为，都或是因为前世的习气，或是为了自己与子孙后代的生存繁衍，并不是毫无道理、不可理喻的事情。其实，我们这些自命不凡的人与这些动物相比，不但没有什么高明之处，反而有过之而无不及。

冷眼旁观世态百相，愚昧无知的人们，哪一个没有为了自己的生存、子孙的顺利而奔波劳碌、筹划算计？为了滚滚红尘中的声色犬马，为了过上穷奢极欲的日子，为了争夺颐指气使的权力，人们更是绞尽脑汁、处心积虑。哪怕前人为此已经粉身碎骨，仍然有千百万的后人会前赴后继；哪怕已经一败涂地，仍然会千方百计地去寻找卷土重来的机会……要想细述世人的千种计谋、万种心机，恐怕用三天三夜也无法道尽。总而言之，用"人人总持用机筹"就可以恰到好处地一言概之。这一切，不都是世人的自寻烦恼、庸人自扰吗？

稍有一点因果常识的人都知道：如果没有前世今生勤积福报、甘处卑位的垫底，即使打拼得头破血流、精疲力竭，也不可能获得意想中的财富和地位。

《红楼梦》中八面玲珑、争强好胜的王熙凤，就是"机关算尽太聪明，反算了卿卿性命"的典型。古人云："聪明反被聪明误。"我们千万不要再重蹈王熙凤之流的覆辙了。

海灯法师因感慨于道教陈抟祖师以睡谢官的行迹，而有"梦短梦长总一沤，先生不识有春秋"的溢美之词。的确如此，无论是夜阑人静的三更短梦，还是人生百年的悠长之梦，都只不过是水中的浮泡、镜中的影像、沙漠的阳焰、奇异的幻术而已。佛经云："三界兮如幻，六道兮如梦，圣贤出世兮如电，国土犹如水上泡，无常生灭日迁变。""一切有为法，如梦幻泡影。"

财色、名利、食睡，都是虚幻不实的东西，如同空中的浮云一般，缥缈不定、无有实质。山河大地、日月星辰，也都是无常迁流、了不可得的本体。沧海桑田、四大皆空，器情世间的一切万法，都不能超离苦、空、无常、无我的行相，都是如梦如幻的虚无影迹，都像棋盘中的虚构战局。

沉迷对弈的人，虽然会为棋盘中的调兵遣将、假想中的国土江山而争得面红耳赤；沉醉梦境的人，也会因梦中的收获与付出、中意与厌憎而患得患失，哀乐怒喜。但在棋局结束、恍然猛醒之后，一般都会将这一切抛诸脑后而不予在意。但是，在面对人生大梦、三界棋局之时，又有几个人能够进退自如、收放得体呢？

作为修行人，在了知人生本质之后，我们就不应该再一味沉湎于无休止的世事之中。要知道，无论怎样的美馔珍馐，在"下喉三寸"之后，又能"成何物"呢？无论怎样的锦缎华服，在人老珠黄之后，又岂能掩饰岁月的痕迹？无论怎样的丰功伟业、光宗耀祖，可否能出离三界、永脱轮回？如果不能了生脱死、明心见性，如果不能离苦得乐、超凡入圣，就只能永远徘徊于三界、流浪于六道。

我们不能受制于五欲六尘，我们不能沾染了世俗之气，既然落发出家，就应有"穿衣唯求蔽体，饮食只为充饥"的浩然之气，只有在安详和谐的心境中，才能体悟清静无为的自性世界，彻见光明无碍的自然本体。

禹尊九州汤伐夏，

秦吞六国汉登基，

古来多少英雄汉，

南北山头卧土泥。

大禹尊崇于九州，商汤讨伐了夏桀，秦王吞并了六国，刘邦登上了王位。自古以来，有多少叱咤风云的英雄豪杰，最终都只能横卧山头，化为泥土？

所谓"九州"，是指殇、瀚、宁、澜、中、宛、越、云、雷九州。也有说是衮、冀、青、徐、豫、荆、扬、雍、梁九州。

大禹是中国古代继尧、舜之后第三位公认的"英主"，他勇敢地接受舜的指令去治理危害百姓的洪水。在治水期间，大禹兢兢业业、勤勤恳恳，三过家门而不入，经过十三年的努力，终于领导众人用开渠排水、疏通河道的办法，将肆虐一时的洪水引向了大海。并因此而得到了九州百姓的拥戴尊崇，具备了斩杀胆敢怠慢己命的部落首领防风氏的势力，从而建立了中国历史上第一个奴隶制王朝——夏朝。

夏桀是夏朝最后一位君主，因其暴虐无道、作恶多端并且荒淫无度，而使民生凋敝、众叛亲离。成汤利用这一大好时机，首先争取到了众多方国的支持，然后兴兵伐夏、起义革命。由于深得人心，故得以连连取胜，最终将曾经飞扬跋扈、不可一世的夏桀流放到了南巢（今安徽巢县西南），直至其寿终而亡，并由此建立了商朝大业。

秦始皇嬴政是中国历史上的第一位皇帝，他先后消灭了韩、赵、魏、楚、燕、齐六国，建立了中国历史上第一个统一的多民族中央集权制国家——秦朝。在统一六国之后，他搜刮了大量民脂民膏，以修建豪华的阿房宫、骊山墓，以及驰名中外的万里长城。他先后进行了五次大规模的巡游，并在名山胜地刻石纪功，以炫耀声威。为寻找长生不老之药，又派方士徐福率领数千童男童女至东海求助于神仙，虽然耗费了无以计数的人力物力，却未能避免终究一死的结局。

刘邦是西汉的开国皇帝，人称汉高祖。他凭借英俊的相貌、反叛的天性、出众的才智、超人的胆识，从出身贫寒的浪子，一举成为反秦主力，继而与西楚霸王项羽进行了争夺帝位的楚汉之战。他任人唯贤、用人不疑，大胆地任用了萧何、陈平、张良、韩信等英勇善战、出类拔萃的将领谋士，致使对手节节败退。长达四年多的战争，终于以项羽自刎于乌江而落幕。从而统一天下，创立了中国历史上第一个历史悠久的王朝——西汉。

但是，无论是以上这些功盖乾坤、名垂千古的明君，以及万民切齿、遗臭万年的暴君；还是驰骋疆场、战功累累的武将，以及雄才大略、足智多谋的文臣，哪怕其美誉传扬于南北，豪气纵横于天地，黎民仰如星斗、诸侯敬如神器，哪怕其"雄姿英发，羽扇纶巾，谈笑间，樯橹灰飞烟灭"，终究抵不过死主的进攻、阎罗的宣判，只能落得"一抔净土掩风流"的结局。就像《好了歌》中所唱的一样："古今将相在何方？荒冢一堆草没了。"

但是，正如《入菩萨行论》中所云："智者纵历苦，不乱心澄明，奋战诸烦恼，虽生多害苦。然应轻彼苦，力克贪嗔敌，制惑真勇士，余唯弑尸者。"只有历经诸多苦难却不乱心志，敢于与烦恼英勇作战，立誓冲出三界之坚固重围，拯救众生于水深火热，并最终获得自在的佛门将士，才是真正的英雄勇士。

所谓"智不住三有，悲不住涅槃"，也就是说，因为菩萨勇士们已经获证了究竟的自然本智，不会受制于生灭无常的三有，所以获得了无生无灭的永恒；又因为菩萨勇士们消除了一切执著，具有无与伦比的大悲之心，所以不会耽著于涅槃寂灭，而是毫无畏惧地奔赴轮回，救拔众生于苦难之中。这种无私无畏并获证无生无灭的勇士，难道不是真正永恒的英雄吗？

数英雄人物，还看空门。

> **黄袍换却紫袈裟，**
>
> **只为当初一念差。**
>
> **我本西方一衲子，**
>
> **缘何落在帝皇家？**

只因为当初的一念之差，便用黄袍换去了紫色的袈裟；我本来是西方的一名出家人，却为什么会转世投生于帝皇之家？

所谓"衲子"，也即出家人的另一种别称。许多年老的僧人，常常以"老衲"自称。

所谓"西方"，既可指被称为极乐世界的西方刹土，也可指唐玄奘西天取经的天竺之国。此处如果理解为极乐世界，虽然与顺治被世人共称为三大文殊化身皇帝①之一的身份相符，但乘愿再来婆婆世界，已经获得大彻大悟的菩萨勇士，是不可能有畏惧轮回的后悔之意的。即使偈颂中所流露的沮丧之情是菩萨的一种显现，也不可能出现一边自报家门说自己是来自西方世界的菩萨，一边悔恨不迭、懊丧不已地连连抱怨不该来此肮脏污浊之地的情形。因此，此处的"西方"，应当是指印度（天竺）。

能够投生为举世尊崇、万人敬仰的皇子，是多少世人朝思暮想、艳羡渴慕的地位。但在顺治皇帝的心目中，身着黄袍的帝皇之躯又怎能与身披紫色袈裟、尊贵神圣的出家之身相提并论呢？对于自己如今漂泊沦落到这步田地，顺治的追悔、伤感与厌倦，也在此偈中难以抑制地溢于言表。

至于"我本西方一衲子"的出处，究竟是顺治得受了高人指点，还是修得了宿命通，我不得而知。但是，既然能生起如此难能可贵的强烈出离之念，多半是有前世出家之缘的结果。因此，顺治皇帝的这种说法，也不能说是平白无故的信口开河。

"黄袍换却紫袈裟，只为当初一念差"，顺治皇帝将此刻所流落的处境，归咎于当初的一念之差，也并不是无根无据的。古人

---

① 其他两位分别为乾隆与康熙。

云："一事不谨，即贻四海之忧。一念不谨，即贻百年之患。"对于修行人而言，如果没有对清净刹土生起信乐之念，如果没有在临终之际生起往生净土的意愿，是绝不可能无缘无故获得往生的。只有在真实意乐的基础上，才有可能往生净土、脱离轮回。

《极乐世界功德庄严经》云："阿难陀，若有众生，甚至一发心随念如来，欲往生彼刹，于讲授甚深妙法时，苦行及不懈怠，不怯不畏，甚至一发心观想善逝阿弥陀佛，生起意乐者，彼等于梦中能见善逝阿弥陀佛，终将往生极乐世界，于无上真实圆满菩提道中不退转。阿难陀，彼诸善逝照见实相故，于无量无边十方世界中，皆已念诵如来阿弥陀佛名号，并称扬赞叹阿弥陀佛。"《无死鼓声总持经》云："具信善男或善女，谁有信心、胜解及恭敬心，将往生净土。"《大乘无量寿经》云："我做佛时，十方众生，闻我名号，至心信乐。所有善根，心心回向，愿生我国。乃至十念，若不生者，不取正觉。"无垢光尊者在《窍诀宝藏论》中，也以"获得解脱二种之六法"，宣说了中阴解脱的诀窍。

由此可见，在汉藏的诸大经论中，都再三强调了意念——哪怕是一刹那的意念，在解脱往生的关键问题上，都起着不可忽视的作用。

顺治皇帝在此偈中，以自己的沉痛代价为教材，意在告诫后人：一定要吸取前车之鉴，千万不要因现世的一念之差而在无数个来世中抱恨终身。

十八年来不自由，

南征北战几时休？

朕今撒手归西去，
管你万代与千秋。

十八年以来，从未获得过一时一刻的自由，这种南征北战的日子，何时才是尽头？现在，我立誓要抛下这一切，去追寻西方刹土的安乐，管你什么大清帝国的千秋万代，兴亡成败！

任何一个国家，都难以避免战争的威胁。为了扩充自己的疆域，就必须发动战争；为了保卫自己的领土，就必须遭遇战争。保证江山国土的金瓯无缺，是每一位主持朝政的帝王义不容辞的责任。

作为满清王朝入关后的第一代皇帝，年轻的顺治是任重而道远的。纵使他毫无"席卷天下，包举宇内，囊括四海之意，并吞八荒之心"，纵使他一心向佛、无心恋战，在战乱四起的年代，也采纳各方意见，制定了重抚轻剿的策略，但是，从他六岁登基，十四岁亲政，直至二十四岁出家的十八年中，也经历了从顺治元年四月摄政王多尔衮率清军于山海关击败大顺军，从而占领北京城的山海关之战，以及剿灭弘光、大西、鲁王监国、隆武诸政权的大小等级不同、历时长短各异的多次战争。

而在君臣之间、宫廷内部所爆发的没有硝烟的战争，其残酷性更是比短兵相接、枪炮相向的战争有过之而无不及。

面对这种狼烟四起、四面楚歌的现状，顺治终于按捺不住，将长久埋藏于心中的不满与厌恶酣畅淋漓地发泄出来："朕今撒手归西去，管你万代与千秋！"将万人垂涎的紫禁城之龙庭高座抛诸脑后，一副"誓将去汝，适彼乐土"的悠然出世之心活脱脱地跃然纸上。由此可知，顺治皇帝毅然决然地背弃红尘，已是千军万马不可阻挡之势。

在对顺治皇帝的出离心由衷钦佩的同时，也为人类社会绵延不断的战争之灾而深感悲哀。自有人类史以来，历代的统治者们为了扩大自己的势力，乐此不疲地招兵买马、穷兵黩武，置无辜百姓的和平安宁于不顾，发动了不计其数的战争。无量生灵惨遭涂炭，无数苍生家破人亡，历经浩劫的人们，多么希望能有祥和宁静的一天。

古德云："千百年来碗里羹，怨深似海恨难平，欲知世上刀兵劫，但听屠门夜半声。"慈受禅师也云："世上多杀生，遂有刀兵劫；负命杀汝身，欠财焚汝宅；离散汝妻子，曾破他巢穴；报应各相当，洗耳听佛说。"连英国的华尔绪博士都深有体会地说："要想避免人类流血，便须从餐桌上做起。"由此可见，残杀无辜生灵、捣毁鸟兽家园，就是刀兵之劫、妻离子散的主要因素。如果想避免战争的侵害，如果不想遭遇流离失所的下场，就必须停止戕杀生命的暴行。作为修行人，我们更应该成为珍惜生命、洒播慈爱、倡导和平的典范。

结　语

大持明者班玛班扎云："见由无明业惑所产生，三界犹如炽燃之火坑，以出离心持一解脱戒，功德之本乃第一要道。"三界六道，的确如同炽烈焚燃的火坑，它使我们受尽了焦灼之苦，只有在出离心的基础上受持清净的解脱之戒，才是一切功德的根本源泉，才是迈向解脱的当务之急。

《赞戒论》云："若于殊胜佛法起信心，仅剃头发披红黄僧衣，果报今来善因得增长，经说种种善聚妙功德。"《神变经》也云："何者三界诸众生，皆为引入菩提道，发心坚定圆劫中，布施儿女妻子等。何人以发菩提心，随学善逝之轨迹，发心出家跨一步，此福已胜前功德。"出家的功德，实在是山不能测、海不能量，文字不可描绘，言语无法尽述的。身为因出家而倍感受益匪浅的一分子，我真诚地希望周围的人也能真正生起坚定不移的出家之念。即便因种种原因而不能出家，也能做到恭敬出家僧众，并真心诚意地随喜赞叹他人的出家行为。

在此，我将自己的这份拳拳之情，借助以上文字表达出来，但愿这份真情，能起到潜移默化的作用。使有缘人能以此为缘，由邪入正，由迷转悟，由梦而醒，由苦得乐，由凡入圣，由烦恼转菩提，由热恼而清凉，最终抵达光明自在的清凉世界。

让我们再一次至真至诚地发愿："我为菩提修行时，一切趣中成宿命。常得出家修净戒，无垢无破无穿漏。""善哉解脱服，无上福田衣。我今顶戴受，世世不舍离！"

2004年9月9日

索达吉

书于瑟瑟秋风兴起之喇荣